CW01175576

© Cyhoeddiadau Barddas a Chyngor Gwynedd

Argraffiad gwreiddiol cyntaf: 1997
Argraffiad dwyieithog cyntaf: 2007

Original first edition: 1997
First bilingual edition: 2007

ISBN 978 1 900437 92 9

*Dymuna'r Cyhoeddwyr gydnabod cymorth
Adrannau Cyngor Llyfrau Cymru, Aberystwyth.*

*The publishers wish to acknowledge the assistance
of the Welsh Books Council, Aberystwyth.*

Cyhoeddwyd gan Gyhoeddiadau Barddas a Chyngor Gwynedd.
Published by Cyhoeddiadau Barddas and Gwynedd Council.

Argraffwyd gan Wasg Dinefwr, Llandybïe.
Printed by Dinefwr Press, Llandybïe.

# Capel Celyn

*DENG MLYNEDD O CHWALU:*
*1955 - 1965*

*TEN YEARS OF DESTRUCTION:*
*1955 - 1965*

## Einion Thomas

Testun Saesneg gan/English text by Beryl Griffiths

Dyluniwyd y testun dwyieithiog gan Dafydd Llwyd

*Cyhoeddiadau Barddas*

*I*
*Thomas Gabriel*

## Cyflwyniad

Mae hi'n agos i ddeng mlynedd ers i'r llyfr hwn ymddangos gyntaf yn y Gymraeg, deng mlynedd sydd wedi gweld newidiadau mawr yn hanes gwleidyddiaeth Cymru. Heb os, y newid pwysicaf oedd sefydlu'r Cynulliad Cenedlaethol, sefydliad y gellid dweud fod ei wreiddiau yn ddwfn yn nyfroedd oer Tryweryn. Yn ogystal, penderfynodd Cyngor Dinas Lerpwl yn Hydref 2005 ymddiheuro am yr hyn a wnaeth yng Nghelyn, ac er y credai llawer fod yr ymddiheuriad wedi cyrraedd yn rhy hwyr, mae'n brawf fod dinas Lerpwl wedi syrthio ar ei bai am yr hyn a ddigwyddodd.

Er hyn i gyd erys Llyn Celyn fel rhybudd i'r hyn a all ddigwydd, ac fel y bydd mwy o alw am ddŵr yn y dyfodol, yna fe fydd mwy o bwysau i edrych ar Gymru fel lle i ddiwallu'r anghenion ychwanegol hyn.

Yn olaf, diolch i Barddas a'r Prifeirdd Alan Llwyd ac Elwyn Edwards am ymgymryd â chyhoeddi'r gyfrol ddwyieithog hon. Diolch hefyd i Beryl Griffiths am y cyfieithiad Saesneg.

Einion Thomas
2007

## Introduction

It is nearly ten years since this book first appeared in Welsh, ten years that have seen momentous changes in the political landscape of Wales. Without doubt, the most important change was the establishment of the National Assembly, a body that has its roots deep in the dark waters of Llyn Celyn. Also another important event in this story was the apology issued by Liverpool City Council in October 2005 for what had occurred in Capel Celyn. Though many would argue that the apology was far too late in coming, yet, by apologising, the city of Liverpool did recognise that it had committed an outrage.

But Llyn Celyn remains as a warning of what could happen again. As the demand for water could increase in the future, so could Wales be seen once more as the place to satisfy that demand.

Lastly, I would like to thank Barddas and especially Alan Llwyd and Elwyn Edwards for undertaking to publish this bilingual edition. My thanks also to Beryl Griffiths for the English translation.

Einion Thomas
2007

## Diolchiadau gwreiddiol

Egin y llyfr hwn oedd arddangosfa ar hanes boddi Capel Celyn a gynhaliwyd yn Y Bala yn ystod haf 1995, deng mlynedd ar hugain ers agor y llyn ym 1965. Gymaint oedd 'poblogrwydd' yr arddangosfa fel y penderfynwyd cyhoeddi llyfr lluniau o'r hanes.

Cytunodd Barddas i gyhoeddi'r gyfrol gan weithio ar y cyd â Gwasanaeth Addysg a Diwylliant Cyngor Gwynedd. Mae'r diolch cyntaf yn haeddiannol felly i Barddas ac yn enwedig y Prifeirdd Alan Llwyd ac Elwyn Edwards am ymgymryd â'r cyfrifoldeb o gyhoeddi'r llyfr. Yn ychwanegol mae fy nyled yn fawr i Elwyn am ei gymorth a'i sylwadau buddiol yn ystod cyfnod paratoi'r gwaith. Diolch hefyd i Bryn Parry, cyn-Archifydd Gwynedd, Ann Rhydderch-Dart, Prif Archifydd Gwynedd, a Dafydd Whittall, y Cyfarwyddwr Addysg, am eu cefnogaeth barod i'r fenter.

'Rwyf hefyd yn ddyledus i'r canlynol am eu parodrwydd i ateb unrhyw ymholiad: y Cyng. Owain Williams, Philip Evans, Martha Jane Roberts, Lona Gwilym, Watcyn L. Jones, John Lewis Jones, Ifor Owen, Peter Brooke, A.S., Dr William Griffith, Eryl Wyn Rowlands, Gareth Evans, Cassie Williams, Cadwaladr Edwards a'r diweddar Henry Owen.

Diolch hefyd i'r Henadur Gwynfor Evans am gytuno i ysgrifennu'r cyflwyniad ac i Marian Delyth am ei gwaith crefftus yn cynllunio'r gyfrol.

Heb ganiatâd y canlynol ni fyddai'r llyfr yn bodoli. Diolch, felly, i'r canlynol: i Dŵr Cymru, Llyfrgell Genedlaethol Cymru (casgliad Geoff Charles), Y Farwnes Brooke o Ystradfellte, Hulton Deutsche, *Daily Post*, Gwasg y Sir, *Y Cymro*, Gwasg y Lolfa, Gwasg Gee, Catherine Thomas a Hywel Lloyd Davies.

Yn olaf diolch i Janet Simcox am y gwaith teipio ac yn fwy na dim am ei hamynedd wrth geisio datrys fy nodiadau blêr.

## Original acknowledgements

An exhibition on the drowning of Capel Celyn, held at Bala during the summer of 1995, thirty years after the official opening of the reservoir in 1965 was the basis for this book. Such was the 'popularity' of the exhibition that it was decided to publish a book of photographs retelling the story.

Barddas agreed to publish the volume working with Gwynedd Council's Education and Culture Department. Thanks are due first, therefore, to Barddas and especially to Alan Llwyd and Elwyn Edwards for accepting the responsibility for publishing the book. In addition, I am very indebted to Elwyn for his assistance and useful comments during the preparation period. I wish to thank Bryn Parry, the former Gwynedd Archivist, Ann Rhydderch-Dart, Gwynedd Chief Archivist, and Dafydd Whittall, the Director of Education, for their support.

I'm also indebted to the following for their willingness to answer any queries: Councillor Owain Williams, Philip Evans, Martha Jane Roberts, Lona Gwilym, Watcyn L. Jones, John Lewis Jones, Ifor Owen, Peter Brooke, M.P., Dr William Griffith, Eryl Wyn Rowlands, Gareth Evans, Cassie Williams, Cadwaladr Edwards and the late Henry Owen.

I must also thank Alderman Gwynfor Evans for agreeing to write the introduction and to Marian Delyth for her skilful work in designing the volume.

Without the permission of the following the book would not exist. Therefore, thanks to the following: Welsh Water, the National Library of Wales (Geoff Charles collection), Baroness Brooke of Ystradfellte, Hulton Deutshe, *Daily Post*, Gwasg y Sir, *Y Cymro*, Gwasg y Lolfa, Gwasg Gee, Catherine Thomas and Hywel Lloyd Davies.

Lastly I wish to thank Janet Simcox for typing the work and above all for her patience in trying to decipher my untidy notes.

## Cyflwyniad

Bu boddi Cwm Tryweryn a phentref Capel Celyn yn un o enghreifftiau mwyaf cywilyddus y trigain mlynedd diwethaf o ormes Llywodraeth Loegr yng Nghymru. Yr unig ddau achos sy'n dal cymhariaeth yw plannu ysgol fomio ym Mhenyberth a dwyn hanner can mil o erwau Mynydd Epynt a dinistrio'r gymdeithas Gymraeg yno er mwyn i'r Swyddfa Ryfel greu maes tanio.

O'r dechrau triniwyd y Cymry gyda dirmyg a sarhad gan Gyngor Dinas Lerpwl, Cyngor dinas a chanddi gymaint o boblogaeth â naw sir mwyaf gogleddol Cymru gyda'i gilydd. Penderfyniad cwbl unochrog y Cyngor oedd boddi'r cwm a'r pentref. Gwnaeth y penderfyniad hwn heb ymgynghori â neb yng Nghymru. Ni thrafodwyd y bwriad gyda thrigolion y cwm na'r cyngor dosbarth na'r cyngor sir, neb oll.

Y tro cyntaf i drigolion Capel Celyn a'r cwm ddod i glywed am y penderfyniad oedd darllen amdano ym mhapur y ddinas, y *Liverpool Daily Post*. Ni ddangosodd y Cyngor na phobl y ddinas ddim euogrwydd yn y byd eu bod yn bwriadu dileu cymuned Gymraeg eithriadol o ddiwylliedig, gan chwalu eu cartrefi, eu hysgol a'u capel a'u mynwent, dwyn eu tir a dwyn yn ddi-dâl y dŵr sy'n un o adnoddau naturiol cyfoethocaf ein gwlad. Nid i gyflawni angen am ddŵr yfed y gwneid hyn; câi'r ddinas fwy na digon o ddŵr o Lyn Llanwddyn lle y dinistriodd gymuned Gymraeg yn nechrau'r ganrif i gwrdd â'i hanghenion domestig. Dŵr ar gyfer diwydiant Lerpwl, Glannau Merswy a Sir Gaer oedd yr angen.

Galwyd Pwyllgor Amddiffyn ynghyd ar unwaith yn Y Bala i wrthwynebu'r cynllun trahaus. Trefnodd ymgyrch rymus iawn. Un o'r prif resymau am ei grym oedd effeithiolrwydd cwbl ymroddedig ei ysgrifennydd, Elisabeth Watcyn Jones, un o ferched diwylliedig Watcyn o Feirion, yntau'n ŵr o ddiwylliant cyfoethog, yn fardd gwlad, canwr penillion o fri ac arweinydd côr. Gyda chymorth Plaid Cymru trefnwyd cyrddau cyhoeddus trwy'r wlad; anerchodd Mr Watcyn Jones, brawd yr ysgrifennydd, gyfarfodydd mewn dinasoedd Seisnig; a chynhaliwyd cwrdd llewyrchus iawn yn Senedd-dy Westminster.

Rhoddwyd cymorth sylweddol gan nifer o Gymry Cymraeg Lerpwl gyda dau gyfarfod mawr yn y ddinas. Roedd yr ail yn gwrdd y bu'n rhaid i Gyngor Lerpwl ei drefnu er mwyn dangos bod y dinasyddion wrth gefn cynllun y gronfa ddŵr. Heb hynny ni châi gyflwyno mesur seneddol. Ond pan ddaeth yn amser i'r cwrdd ddechrau, am ddau o'r gloch, cafodd y cadeirydd, yr Henadur John Braddock, fraw wrth sylweddoli bod y Cymry gwrthwynebus yn y mwyafrif. Bu'n rhaid iddo oedi dechrau ac ymofyn presenoldeb gweision y Cyngor. Chwarter awr yn ddiweddarach dechreuasant lifo i mewn, nifer ohonynt yn lifrai'r gwasanaeth dŵr. Pan ofynnodd Dewi Prys-Thomas pam yr oedd llu o weithwyr y Cyngor yn bresennol, atebodd John Braddock:

> *I am not responsible for the intelligent interest which the Council's employees take in the affairs of their city.*

Roedd cloc y ddinas yn taro chwarter i dri cyn bod y cadeirydd yn sicr o fwyafrif.

Rheswm arall am rym y gwrthwynebiad oedd cymeriad cadarn trigolion y cwm. Oni orymdeithiodd aelodau'r gymuned wledig ddiarffordd gyda baneri a phlacardiau drwy strydoedd canol dinas Lerpwl? Ym mha le y bu'r fath ddigwyddiad gwrol o'r blaen? Ac onid aethant i Fanceinion i fynegi eu gwrthwynebiad yn lew ar deledu Granada yn nyddiau cynnar y cyfrwng nerthol hwnnw? Enghraifft nodweddiadol o ansawdd eu cymeriad oedd Dafydd Roberts, Caefadog, cadeirydd y Pwyllgor Amddiffyn. Daeth ef, yn un o dri, i ymyrryd â'r drafodaeth ar foddi Cwm Tryweryn yng Nghyngor Lerpwl a chael ei lusgo allan gan yr heddlu.

Lledodd y gwrthwynebiad trwy Gymru benbaladr. Anfonodd J. E. Jones, trefnydd Plaid Cymru, gannoedd lawer o lythyrau ar ran y Pwyllgor Amddiffyn at gynghorau a chymdeithasau o bob math. O'r 1,055 o gyrff cyhoeddus a fynegodd eu gwrthwynebiad yr oedd 125 yn awdurdodau lleol, gan gynnwys cynghorau Y Rhondda, Pontypridd, Aber-carn, Glyn Ebwy, Bryn-mawr, Mynydd Islwyn a Chas-gwent. Eithr parhaodd Lerpwl i fynnu bod ganddi bob hawl i ddwyn tir a dŵr Cymru. Dywedodd ei chownsel yng ngwrandawiad Tŷ'r Arglwyddi:

*Liverpool Corporation have to take the constitution as they find it. There is at the moment no separate Welsh Government; there is no separate demarcation of Wales from England from the point of view of administration or from the point of view of water supplies.*

Yn yr un gwrandawiad mynnai'r Henadur Cain, cadeirydd Pwyllgor Dŵr Lerpwl, mai cenedlaetholwyr haerllug yn unig oedd yn gyfrifol am y gwrthwynebiad. Dywedodd:

*They had carried children all the way to Liverpool to sing nationalist songs outside the City Hall.*

Y 'nationalist songs' oedd ein hanthem genedlaethol, 'Mae hen wlad fy nhadau', ac emyn Elfed 'Cofia'n gwlad, benllywydd tirion'.

Erbyn hyn roedd hyd yn oed A.S.au Cymru wedi ymuno yn y gwrthwynebiad. Yr unig un a fu mor gywilyddus â bwrw ei bleidlais dros Lerpwl yn yr ail ddarlleniad oedd Syr David Llewelyn. Ond, wrth gwrs, cariwyd mesur Lerpwl yn rhwydd. Er bod y genedl Gymreig yn fwy unol nag y bu hi erioed ar ddim, Saeson a benderfynodd dynged Capel Celyn a Chwm Tryweryn. Fel y pwysleisiodd Henry Brooke, y gweinidog Materion Cymreig, mai yno ym mro Penllyn yr oedd *'the most obvious and cheapest source of water for Liverpool'.*

GWYNFOR EVANS
Pencarreg
Llanybydder

*Mehefin, 1996*

# Introduction

The drowning of Cwm Tryweryn and the village of Capel Celyn was one of the most shameful examples of the oppression of the English Government in Wales over the last sixty years. The only other two examples that hold up to comparison were the establishing of a bombing school at Penyberth and the theft of fifty thousand acres of the Epynt range and the destruction of the Welsh community there to create a firing range.

From the start Liverpool City Council, the Council of a city with a population as large as the nine most northerly counties of Wales put together, had treated the Welsh with contempt and irreverence. The Council's completely one-sided decision was to drown the valley and the village. It came to this decision without consulting with anyone in Wales. The intention was not discussed with the valley's inhabitants or the district council or the county council, absolutely nobody.

The first instance when the inhabitants of Capel Celyn and the valley came to hear of the decision was when they read about it in the city's newspaper, the *Liverpool Daily Post*. Neither the Council nor the inhabitants of the city showed any guilt at all that they intended to destroy an exceptionally civilised Welsh community, demolish their homes, their school and chapel and cemetery, to steal their land and steal their water without paying a penny, water being one of the richest natural resources of our country. This was not done to quench the thirst for drinking water; the city had more than enough water to satisfy their domestic requirements from Lake Vyrnwy, where it had destroyed a Welsh community at the beginning of the century. Water was required for the industries of Liverpool, Merseyside and Cheshire.

A Defence Committee was immediately formed in Bala to oppose the arrogant scheme. It arranged a very powerful campaign. One of the main reasons for its power was the complete committed effectiveness if its secretary, Elisabeth Watcyn Jones, one of the daughters of Watcyn o Feirion, a man of rich culture, a poet, a well known singer and the conductor of a choir. Public meetings were held throughout Wales with the assistance of Plaid Cymru; the brother of the secretary, Mr Watcyn Jones, addressed meetings in English cities; and a very successful meeting was held in the Parliament at Westminster.

Many of the Welsh people living in Liverpool gave substantial assistance with the two large meetings in the city. The second was a meeting that Liverpool Council were required to arrange to show that the citizens supported the reservoir scheme. Without their support it could not present a parliamentary bill. But when the time came to open the meeting, at two o'clock, the chairman, Alderman John Braddock, was shocked to realise that the opposing Welsh were in the majority. He had to delay the meeting and seek the presence of the Council's employees. A quarter of an hour later they began to flood in, many of them were in the Water Board's uniforms. When Dewi Prys-Thomas asked why there were so many council workers present, John Braddock answered:

*I am not responsible for the intelligent interest that the Council's employees take in the affairs of their city.*

The town clock had struck a quarter to three before the chairman was certain of a majority.

Another reason for the strength of opposition was the strong character of the inhabitants of the valley. Didn't the members of this remote rural community march with banners and placards through the streets of Liverpool city centre? Where was such a brave act seen previously? And did they not travel to Manchester to express their opposition bravely on Granada television in the early days of that powerful medium? A typical example of their strength of character was Dafydd Roberts, Caefadog, the chairman of the Defence Committee. He was one of three who interrupted the debate on the drowning of Tryweryn in the city council and was dragged out by the police.

The opposition spread throughout Wales. J.E. Jones, Plaid Cymru's officer, sent out hundreds of letters on behalf of the Defence Committee to councils and societies of every type. Of the 1,055 public bodies that expressed their opposition 125 were public authorities, including councils for Rhondda, Pontypridd, Aber-carn, Ebbw Vale, Bryn-mawr, Mynydd Islwyn and Chepstow. But Liverpool still insisted it had the right to steal the land and water of Wales. Liverpool's Counsel in the House of Lords hearing said:

*Liverpool Corporation has to take the constitution as they find it. There is at the moment no separate Welsh Government; there is no separate demarcation of Wales from England from the point of view of administration or from the point of view of water supplies.*

At the same hearing Alderman Cain, chairman of Liverpool Water Committee, said that impudent nationalists only were responsible for the opposition. He said:

*They had carried children all the way to Liverpool to sing nationalist songs outside the City Hall.*

The 'nationalist songs' were in fact our national anthem, 'Hen Wlad fy Nhadau', and Elfed's hymn 'Cofia'n gwlad, benllywydd tirion'.

By this time even the MP's for Wales had joined in the opposition. The only one who was shameful enough to cast his vote for Liverpool during the second hearing was Sir David Llewelyn. But, of course, Liverpool's bill was carried easily. Although the Welsh nation was more unanimous than it ever was on anything, Englishmen decided the fate of Capel Celyn and Cwm Tryweryn. As Henry Brooke, the Minister for Welsh Affairs emphasised, Penllyn provided 'the most obvious and cheapest source of water for Liverpool'.

GWYNFOR EVANS
Pencarreg
Llanybydder

*June, 1996*

## Llyn Celyn

*O'i oer dud is cur ei don*
*Adalw mae'r adfeilion.*
*Taer yw hiraeth Tryweryn*
*A'i holl werth yn waelod llyn.*

*Rhwygo'i hedd a boddi'r gân*
*Er gofal Cymru gyfan;*
*Rhynnu parth gwarineb hen*
*A rhywiog noddfa'r awen.*

*Nid llyn fydd Celyn 'n y co'*
*Ond offrwm ddaeth i'n deffro;*
*O oes i oes fe fydd sôn*
*Am ystryw a grym estron.*

Gwynlliw Jones

## Llyn Celyn

*From the drowned land where no sun*
*now shines, the ruins beckon.*
*Intense is Tryweryn's heartache,*
*all our values now lie in a lake.*

*Our songs were drowned, nothing stirs*
*under the weight of the water's*
*sepulchre, where our culture lies cold,*
*our future without a foothold.*

*The Celyn that we will recall*
*will not be a lake, but a local*
*community drowned by indifference*
*and by foreign interference.*

Gwynlliw Jones

Capel Celyn

## Dafydd Roberts, Caefadog

Cadeirydd Pwyllgor Amddiffyn Capel Celyn
a gladdwyd ym mynwent Llanycil
Hydref 15 1965

*O'i mewn, ac ar ei meini – enwau dewr*
*A dorrwyd lle cysgi;*
*O enwau dewr, dy enw di,*
*Y dewraf, gaiff ei dorri.*

Geraint Bowen

## Dafydd Roberts, Caefadog

Chairman of the Capel Celyn Defence Committee
who was buried in Llanycil cemetery
on 15 October 1965

*On the stones of this cemetery are names*
*Renowned for their bravery,*
*Of these names, your name will be*
*Alluring in its glory.*

Geraint Bowen

## Y Bwriad

Erbyn canol y pumdegau credai Lerpwl na fyddai digon o ddŵr ganddi i gyflenwi ei gofynion am y dyfodol. Roedd y cyflenwad o Lanwddyn a Rivington yn ddigon i ddiwallu'r ddinas ond gan ei bod yn cyflenwi dŵr i awdurdodau eraill, ofnid na ellid erbyn diwedd y ganrif ddiwallu gofynion glannau Merswy i gyd. Aethpwyd ati felly i ganfod ardaloedd y gellid eu boddi i greu cronfeydd dŵr. Archwiliwyd safleoedd yn Ardal y Llynnoedd, ond y casgliad oedd y byddai'r gost yn enfawr. Yr un oedd y ddadl o geisio puro dŵr afon Merswy. Edrychwyd felly tua Chymru gan ganolbwyntio yn gyntaf ar Ddolanog ym Maldwyn, bro Ann Griffiths. Buan iawn y cododd dadlau yn erbyn y boddi, a hefyd, yn fwy pwysig i Lerpwl, fe fyddai'r cyflenwad a dderbynnid o Ddolanog yn rhy isel i gyfiawnhau'r gost.

 Gyda lleihau'r bygythiad i foddi Dolanog, canolbwyntiodd Lerpwl ar ardal Y Bala. Un syniad oedd adeiladu argae ar afon Celyn yn uwch i fyny na Thryweryn, un arall oedd adeiladu argae islaw Fron-goch ger Tyn-ddôl. Edrychwyd ar gymoedd y Ceidiog a'r Hirnant ac aethpwyd mor bell ag atgyfodi hen syniad o adeiladu argae ar afon Dyfrdwy ger Bodweni a chreu llyn enfawr a fyddai'n ymestyn o gyrion Llandderfel hyd at Lanuwchllyn gan foddi nid yn unig ffermydd ar lawr y dyffryn ond hefyd bentref Llanfor a thref Y Bala. Gwrthodwyd yr holl gynlluniau hyn a dechreuwyd gweld ardal Capel Celyn fel lle delfrydol i'w foddi.

*In finding a solution to our present problem of making provision for future needs for water which are vital, not only to Liverpool but to the whole of North Merseyside and other important authorities outside, I hope that if it becomes our responsibility to put forward a scheme in Wales it will prove of mutual benefit to Welsh people as well as to others dependent on our Water Undertaking.*

Yr Henadur Frank H. Cain
mewn datganiad i Bwyllgor Dŵr Lerpwl, Hydref 18, 1955

## The Proposal

By the mid-nineteen fifties Liverpool believed that it would not have enough water to supply its requirements for the future. The supply from Lake Vyrnwy and Rivington was sufficient for the city but as it was also supplying water for other authorities, it was feared that the requirements of the whole of Merseyside could not be met by the end of the century. Work was underway then to discover areas that could be drowned to create reservoirs. Parts of the Lake District were examined, but the conclusion arrived at was that the cost would be astronomical. The same argument was true regarding the purification of the Mersey itself. Their sights were therefore turned to Wales, focusing mainly on Dolanog in Montgomeryshire, the area where Ann Griffiths lived. Opposition was soon voiced, and also more importantly for Liverpool, the supplies would not be plentiful enough to justify the cost.

With the threat to Dolanog decreasing, Liverpool focused their attention on the Bala area. One proposal involved building a dam on the Celyn river higher up than Tryweryn, another was to build a dam below Fron-goch by Tyn-ddôl. The valleys of the Ceidiog and Hirnant were examined and they even went so far as to re-examine the idea of building a dam on the Dee by Bodwenni to create a massive lake extending from the vicinity of Llandderfel to Llanuwchllyn, drowning not only farms on the valley floor but also Llanfor village and the town of Bala. All these proposals were rejected and the Capel Celyn area was seen as the ideal place to be drowned.

*In finding a solution to our present problem of making provision for future needs for water which are vital, not only to Liverpool but to the whole of North Merseyside and other important authorities outside, I hope that if it becomes our responsibility to put forward a scheme in Wales it will prove of mutual benefit to Welsh people as well as to others dependent on our Water Undertaking.*

Alderman Frank H. Cain
in a statement to the Liverpool Water Committee, 18 October, 1955

*Rehousing people at a new site cannot destroy Welsh culture.*
*Let us remember the happy atmosphere at lake Vyrnwy.*
*One has only to visit the place and to talk to the people to appreciate that.*

Bessie Braddock A.S.

1. Llyn Efyrnwy a gwblhawyd gan Lerpwl ym 1889. Fel gyda Chapel Celyn, fe foddwyd pentref ac amaethdai.

1. Lake Vyrnwy completed by Liverpool in 1889. A village and farms were drowned here in the same way as Capel Celyn.

2. Tudalen flaen *Y Cymro*, Medi 22, 1955.

2. The front page of *Y Cymro*, 22 September, 1955, with the heading 'The Last Days of Dolanog'.

3. Gyda Chelyn yn ymddangos fwyfwy i Lerpwl fel y lle gorau i adeiladu cronfa, dechreuwyd gwneud arolwg daearegol o'r Cwm. Yn ôl trigolion Celyn, ni chafwyd gwybodaeth fod yna arolwg yn cael ei wneud, tra dadleuai Lerpwl eu bod wedi cysylltu â'r tenantiaid ynghyd â'r Cyngor Sir a stad y Rhiwlas, y prif dirfeddiannwr yn y cwm.

*Mae digon o seiliau dros gredu na fu bwriad gwirioneddol i foddi Dolanog o gwbl, ac nad oedd dewis Capel Celyn fel ail le ond rhan o'r twyll tuag at wanhau unrhyw wrthwynebiad a ddisgwylid o Gwm Tryweryn.*

Llyfr Cofnodion Pwyllgor Amddiffyn Capel Celyn – Mawrth 1956

3. With Celyn increasingly appearing to Liverpool as the best place to build a reservoir, a geological survey of the valley was undertaken. According to the inhabitants of Celyn, they did not receive any information that a survey was underway, whilst Liverpool argued that they had contacted the tenants along with the County Council and the Rhiwlas estate, the main landowner in the valley.

*There are sufficient grounds for believing that there never was any intention to drown Dolanog at all, and that choosing Capel Celyn as a second choice was only part of the deception to weaken any opposition expected from Cwm Tryweryn.*

Minute book of the Capel Celyn Defence Committee – March 1956

4. Profi ansawdd y tir lle yr adeiladwyd yr argae yn nes ymlaen. Y gweithwyr yw Malcolm Edwards a Trefor Evans o'r Bala, gyda Glyn Roberts, Tŷ Cerrig, yn gwylio.

4. Testing the condition of the ground where the dam was built later on. The workers are Malcolm Edwards and Trefor Evans from Bala, with Glyn Roberts, Tŷ Cerrig, looking on.

## Capel Celyn

Saif Cwm Tryweryn ryw bum milltir i'r gogledd o'r Bala ar y ffordd sy'n arwain i Drawsfynydd. Ym mhen ucha'r cwm mae Llyn Celyn, ac o dan y dŵr saif olion pentref Capel Celyn: tai, ysgol, llythyrdy, capel a mynwent. Yn ogystal, boddwyd deuddeg o dai a ffermydd gan achosi i 48 allan o'r 67 o drigolion yr ardal golli eu cartrefi. Amaethyddiaeth oedd y prif ddiwydiant gyda'r mwyafrif o'r ffermwyr yn denantiaid ar stad y Rhiwlas tra gweithiai eraill ar y rheilffordd neu yn chwarel gyfagos Arenig.

## Cwm Celyn cyn y boddi

*Hen ruddin ein gwareiddiad – dihafal*
　*Cyn dyfod diddymiad.*
*Mae'r cyfan o'i ddiflaniad*
*Ynghlwm wrth lwfrdra fy ngwlad.*

Elwyn Edwards

## Cwm Celyn before the drowning

*The core of our civilisation before*
　*The days of destruction,*
*But a way of life was undone*
*By a cowardly nation.*

Elwyn Edwards

## Capel Celyn

Cwm Tryweryn stands some five miles north of Bala on the road that leads to Trawsfynydd. At the top end of the valley is Llyn Celyn, and under its waters the remains of the village of Capel Celyn: houses, a school, a post office, a chapel and a cemetery. Twelve houses and farms were also drowned, and 48 people out of the 67 who inhabited the valley lost their homes. Agriculture was the main industry with the majority of the farmers being tenants of the Rhiwlas estate whilst others worked on the railway or in the nearby Arenig quarry.

5. Cwm Tryweryn yn edrych i lawr y dyffryn tuag at safle arfaethedig yr argae. Ychydig cyn Nadolig 1955 cafwyd datganiad gan Gorfforaeth Lerpwl ei bod am gyflwyno Mesur Preifat i'r Senedd am yr hawl i godi argae ar afon Tryweryn, a chreu llyn a fyddai'n boddi'r ardal hon.

6. Ardal Celyn, y mannau a gollwyd.

5. Cwm Tryweryn looking down the valley towards the proposed site of the dam. A short time before Christmas 1955 the Liverpool Corporation made a statement that they intended to present a Private Bill to Parliament for the right to build a dam on the Tryweryn, and to create a reservoir that would drown this area.

6. The Celyn area, with the houses and farms lost.

6

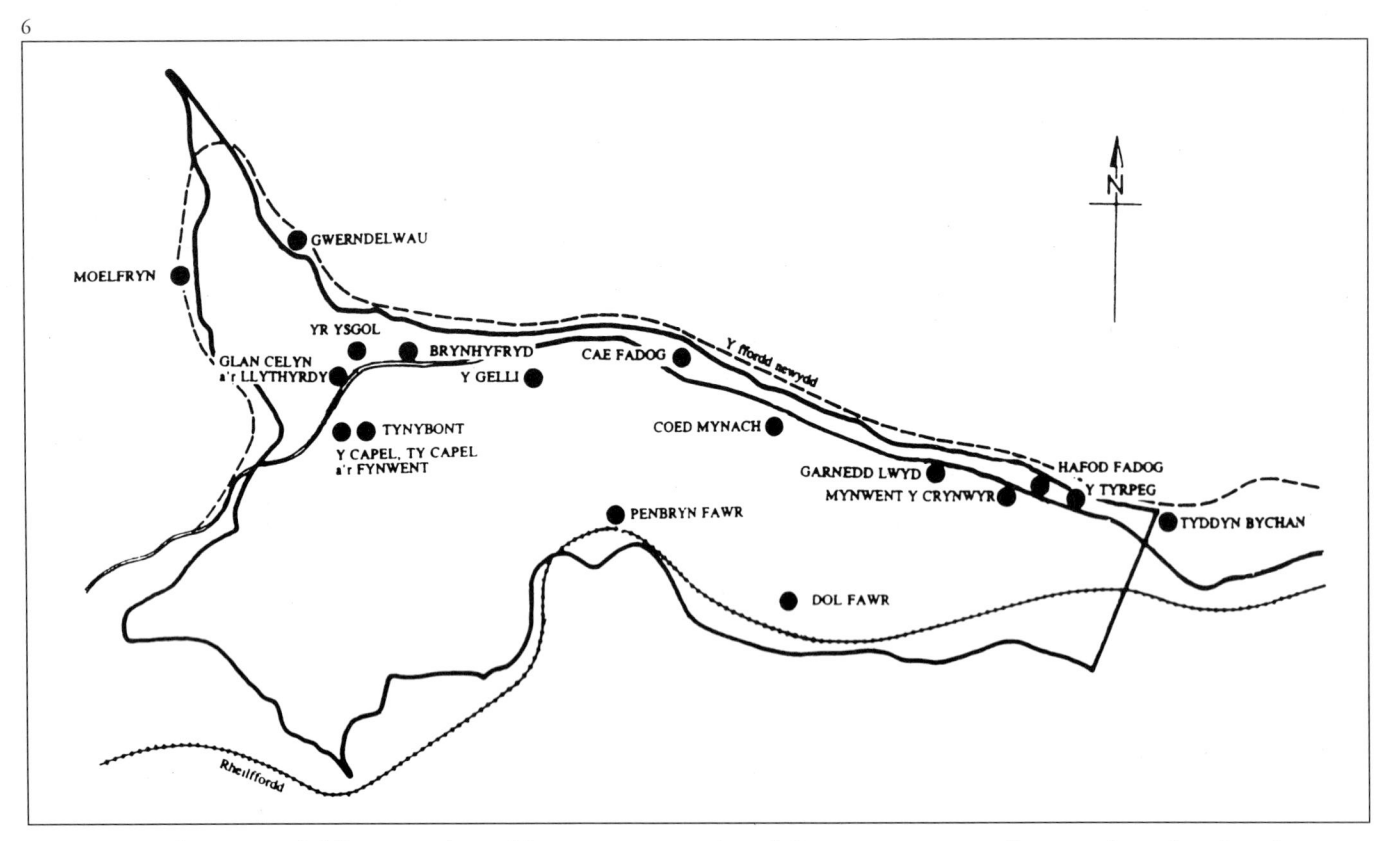

*Y mae hon yn ardal lle mae pob enaid cant-y-cant yn siarad Cymraeg . . . ac wedi gwneud eu rhan i gadw diwylliant a chrefydd. Er nad oes Ann Griffiths na Williams Pantycelyn wedi eu magu yma, gallwn ymffrostio yn ein beirdd, ein hathrawon a'n llenorion, rhai y bu Cymru ar ei mantais o'u cael.*

Dafydd Roberts, Caefadog

*This is an area where every soul, a hundred per cent, speaks Welsh ... and have done their part to keep the culture and religion. Although no Ann Griffiths or Williams Pantycelyn were brought up here, we can take pride in our poets, our teachers and writers, people who brought benefit to Wales.*

Dafydd Roberts, Caefadog

7. Tyddyn Bychan.

8. Y Tyrpeg.

9. Hafod Fadog.

7. Tyddyn Bychan.

8. Y Tyrpeg (Turnpike).

9. Hafod Fadog.

10. Dafydd ac Elin Jones yng nghegin Hafod Fadog.

11. Mynwent y Crynwyr ger Hafod Fadog. Yn niwedd yr ail ganrif ar bymtheg roedd nifer fawr o Grynwyr yn byw yn yr ardal. Un o'r mannau cyfarfod oedd Hafod Fadog ac yn y fan yma hefyd y sefydlwyd claddfa i'r Cyfeillion. Byr fu arhosiad y Crynwyr gan i ormes ac anoddefgarwch orfodi llawer ohonynt i ymfudo i'r Unol Daleithiau ac ymsefydlu ym Mhennsylfania.

10. Dafydd and Elin Jones in the kitchen at Hafod Fadog.

11. The Quaker cemetery near Hafod Fadog. At the end of the seventeenth century a large number of Quakers lived in the area. One of their meeting places was at Hafod Fadog and they also established a burial place here for the Friends. Their stay was short-lived as oppression and intolerance forced many to emigrate to the United States and settle in Pennsylvania.

12

12. Y Garnedd Lwyd. 13. Coed Mynach. 14. Caefadog. 15. Y Gelli. 16. Rhif 1 a 2 Brynhyfryd.

12. Y Garnedd Lwyd. 13. Coed Mynach. 14. Caefadog. 15. Y Gelli. 16. Number 1 and 2 Brynhyfryd.

Capel Celyn

13

14

15

16

Capel Celyn

17

17. Glenys Evans, Brynhyfryd, a'i merch Ann gyda'r Nyrs Gymuned, Gwen Morgan Jones.

18. Agorwyd yr ysgol ym 1881. Gwasgaredig a bychan oedd y boblogaeth a chwynai'r athrawon yn aml pa mor anodd oedd i'r plant ddod i'r ysgol oherwydd tywydd drwg. Pedwar ar ddeg oedd ar y gofrestr pan gaewyd hi.

19. *This one teacher school serves the remote scattered rural area of Cwm Tryweryn and is a thoroughly Welsh speaking area with proud traditions of musical and literary culture . . . The teaching of English presents obvious difficulties as the pupils hear very little, if any, English outside school.*

Rhan o adroddiad olaf Arolygwyr ei Mawrhydi<br>ar Ysgol Celyn ym Mehefin, 1958

17. Glenys Evans, Brynhyfryd, with her daughter Ann and the Community Nurse, Gwen Morgan Jones.

18. The school was opened in 1881. The population was small and scattered and the teachers often complained how hard it was for the children to attend due to bad weather. There were fourteen pupils on the register when it was closed.

19. *This one teacher school serves the remote scattered rural area of Cwm Tryweryn and is a thoroughly Welsh speaking area with proud traditions of musical and literary culture . . . The teaching of English presents obvious difficulties as the pupils hear very little, if any, English outside school.*

Part of the last HMI report<br>on Celyn School in June, 1958

20. Y Pentref gyda Glan Celyn a'r Swyddfa Bost.

21. Harriet Parry, Bethan Parry a John Parry, Y Llythyrdy, gyda Watcyn o Feirion. Teulu'r Post oedd y rhai olaf i adael y cwm.

20. The Village with Glan Celyn and the Post Office.

21. Harriet Parry, Bethan Parry and John Parry, The Post Office, with Watcyn o Feirion. The Post Office family was the last to leave the valley.

Capel Celyn

*Nid ydym yn hoffi o gwbl fod treftadaeth ein hynafiaid yn cael ei dwyn, gyda'i chapel lle y llafuriwyd yn ddiwyd i'w godi, a'r fynwent, lle y gorwedd eu llwch.*

Dafydd Roberts, Caefadog

22. Y Capel, Tŷ Capel a fferm Tynybont, o gyfeiriad y pentref.

23. Aelodau'r Capel, yn oedfa'r nos, Sul y Pasg, 1956.

*We are not pleased at all that the heritage of our ancestors is being stolen, with their chapel, which they worked so diligently to build, and the cemetery, where their ashes rest.*

Dafydd Roberts, Caefadog

22. The Chapel, Chapel House and Tynybont farm, from the direction of the village.

23. Chapel members, at the evening service, Easter Sunday, 1956.

24. Rhai o aelodau'r Capel a'r pregethwr ar eu ffordd adref o'r Oedfa ar fore Sul.

O'r chwith i'r dde: Dafydd Roberts, Caefadog; Y Parch. S.O. Hughes, Llanuwchllyn; James Edwards, Penbryn Mawr; David George Jones, Boch y Rhaeadr.

Tybir mai'r canlynol yw'r merched sydd ar y blaen iddynt: Bethan Parry, Y Post; Mrs Hannah Owen, Filltir Gerrig; Mrs Jini Rowlands, Y Gelli; Glenys Evans, Brynhyfryd; a Mrs Ellen Roberts, Caefadog.

24. Some of the chapel members and the preacher on their way home from the Service on a Sunday morning.

Left to right: Dafydd Roberts, Caefadog, Rev. S.O. Hughes, Llanuwchllyn; James Edwards, Penbryn Mawr; David George Jones, Boch y Rhaeadr.

It is supposed that the following are the women in front of them: Bethan Parry, Post; Mrs Hannah Owen, Filltir Gerrig; Mrs Jini Rowlands, Y Gelli; Glenys Evans, Brynhyfryd; and Mrs Ellen Roberts, Caefadog.

25. Gwerndelwau. Ar safle Gwerndelwau yr adeiladwyd y Capel Coffa.

25. Gwerndelwau. The Memorial Chapel was built on the site of Gwerndelwau.

26. Moelfryn.

27. Pont Tryweryn. Safai hon ar y ffordd a redai o groesffordd Maes-y-dail gan gysylltu ffermydd Gwerngenau, Boch y Rhaeadr a'r Penbryn Mawr gyda'r pentref. Rhaid fod y llyn yn eithriadol o isel ym 1989 i beri iddi ddod i'r golwg.

28. Dôl Fawr.

26. Moelfryn.

27. Pont Tryweryn (Tryweryn Bridge). This stood on the road that led from the Maes-y-dail junction linking Gwerngenau, Boch y Rhaeadr and Penbryn Mawr farms with the village. The lake must have been extremely low in 1989 for it to be revealed.

28. Dôl Fawr.

29. Penbryn Mawr. Cyfrifid hon yn un o ffermydd gorau'r ardal.

29. Penbryn Mawr. This was considered to be one of the area's best farms.

## Y Gwrthwynebiad

Yn fuan wedi i benderfyniad Lerpwl i foddi Cwm Celyn ddod yn gyhoeddus aethpwyd ati yn lleol i ffurfio Pwyllgor Amddiffyn. Yn dilyn cyfarfod yng Nghelyn ym Mawrth 1956 etholwyd aelodau i'r pwyllgor, sef: Dafydd Roberts, Cadeirydd; John Abel Jones, Trysorydd; Elisabeth M. Watkin Jones, Ysgrifenyddes; Cadwaladr Edwards; Watcyn o Feirion; John Guest; Gwilym Pugh; E. P. Roberts a Iorwerth Roberts. Yn nes ymlaen ymunodd Ifor Owen a'r Parch. Gerallt Jones, y ddau o Lanuwchllyn, â'r Pwyllgor. Dewiswyd hefyd nifer o Gymry amlwg yn Llywyddion Anrhydeddus, yn eu mysg T. W. Jones, yr Aelod Seneddol lleol, yr Henadur Gwynfor Evans, a Syr Ifan ab Owen Edwards. Gyda'r Pwyllgor wedi ei sefydlu bu'r Ysgrifennydd yn dyfal ganfasio Cymru benbaladr am gefnogaeth i drigolion Celyn yn erbyn y boddi.

Ym mis Medi 1956 trefnwyd rali fawr yn Y Bala gan Blaid Cymru pan ddaeth tua phedair mil ynghyd i ddangos eu gwrthwynebiad i'r cynllun. Ymysg yr amryw negeseuon a ddarllenwyd yn cefnogi'r ymgyrch yr oedd un gan Éamon De Valera, arweinydd plaid Fianna Fáil yn Iwerddon.

Un nod gan y Pwyllgor Amddiffyn oedd cael cyfarfod gyda Chyngor Dinas Lerpwl i roi eu hochr hwy o'r ddadl. Drwy gael cyfarfod gyda'r Cyngor llawn teimlid y gellid argyhoeddi pobl Lerpwl faint y gwrthwynebiad yng Nghymru. Gwrthod y cais a wnaeth y Cyngor gan ddadlau nad oedd yn arferiad ganddynt dderbyn dirprwyaeth er y gallai dirprwyaeth annerch Pwyllgor Dŵr y Ddinas. Teimlai'r Pwyllgor mai sarhad oedd hyn a phenderfynwyd y byddai tri chynrychiolydd, sef Gwynfor Evans, y Parch R. Tudur Jones a Dafydd Roberts, yn mynd yn ddiwahodd i annerch y Cyngor. Ar Dachwedd 7, 1956, safodd Gwynfor Evans mewn cyfarfod llawn o'r Cyngor a dechrau eu hannerch. Roedd yr ymateb yn ffrwydrol gyda'r heddlu yn cael eu galw i hebrwng y tri allan o'r Siambr.

Ar Dachwedd 21, aeth trigolion Capel Celyn eu hunain i Lerpwl gan orymdeithio drwy'r ddinas. Y tro yma cafodd Gwynfor Evans yr hawl i annerch y Cyngor am chwarter awr ac er iddo gael derbyniad gwresog, ni newidiwyd meddyliau'r cynghorwyr.

### Cwm Tryweryn
(Cyflwynwyd i Bwyllgor Amddiffyn Capel Celyn)

*Cyfododd y Golïath pres yn Lerpwl*
*I waradwyddo ac ysbeilio'r werin;*
*Gan gasglu'r afonydd at ei gilydd i gyd*
*I foddi'r gymdeithas yn Nhryweryn:*
*Tyred, Ddafydd, â'th gerrig o'r afon,*
*A Duw y tu ôl i'th ffon-dafl*
*I gadw emynau Capel Celyn,*
*A baledi Bob Tai'r Felin*
*Rhag eu mwrdro gan y dŵr yn argae'r diafl.*

*Gofyn, Ddewi, i Dduw yn dy weddïau*
*Am gadw rhag y Philistiaid dy werin:*
*Arweiniwch, y ddau Lywelyn a Glyndŵr,*
*Eich byddinoedd i Gwm Tryweryn:*
*A thi, y Michael mawr o Fod Iwan,*
*Pe byddent yn Y Bala yn awr,*
*Ni châi mynwent wag Capel Celyn,*
*Cartref a chnwd a chân a thelyn*
*Eu claddu tan argae'r dienwaededig gawr.*

D. Gwenallt Jones

Cyhoeddwyd gyntaf yn *Y Seren*, Rhagfyr 29, 1956

## The Opposition

Soon after Liverpool's decision to drown Cwm Celyn became public knowledge a Defence Committee was formed locally. Following a meeting at Celyn in March 1956 members were elected onto the committee: Dafydd Roberts, Chairman; John Abel Jones, Treasurer; Elisabeth M. Watkin Jones, Secretary; Cadwaladr Edwards; Watcyn o Feirion; John Guest; Gwilym Pugh; E.P. Roberts and Iorwerth Roberts. Ifor Owen and the Reverend Gerallt Jones, both from Llanuwchllyn, joined the committee at a later stage. A number of prominent Welsh people were also elected as Honorary Presidents, amongst them T. W. Jones, the local Member of Parliament, Alderman Gwynfor Evans, and Sir Ifan ab Owen Edwards. With the Committee established the Secretary diligently canvassed throughout Wales for support to the inhabitants of Celyn's case against the drowning.

In September 1956 Plaid Cymru arranged a large rally at Bala when some four thousand attended to show their opposition to the scheme. Amongst the many messages read supporting the campaign was one from Éamon de Valera, leader of Ireland's Fianna Fáil.

One of the Defence Committee's aims was to have a meeting with Liverpool City Council to present their side of the argument. By having a meeting with the full Council it was felt that they could be persuaded of the depth of opposition in Wales. The Council refused the application arguing that it was not normal practice to receive deputations although a deputation could address the City's Water Committee. The Defence Committee felt that this was insulting and it was decided that three representatives, Gwynfor Evans, the Rev. Tudur Jones and Dafydd Roberts, would address the Council uninvited. On 7 November, 1956, Gwynfor Evans stood up in a full meeting of the Council and began to address them. The response was explosive with the police called to escort the three out of the Chamber.

On 21 November, the inhabitants of Capel Celyn themselves went to Liverpool and marched through the city. This time Gwynfor Evans was allowed to address the Council for a quarter of an hour and although he was given a warm reception, the councillors did not change their minds.

### The Valley of Tryweryn
(Dedicated to the Capel Celyn Defence Committee)

*The wealthy Goliath in Liverpool rose up*
*To shame the country folk and to pillage,*
*As he gathered all the rivers together,*
*The Valley of Tryweryn, and its village;*
*Come, David, with your pebbles from the river,*
*And may God guide your throw,*
*To keep the hymns of Capel Celyn*
*And the ballads of Bob Tai'r Felin*
*From being murdered by the devil's dam where the waters flow.*

*David, ask God in you prayers*
*To protect the people as the Philistines rally;*
*And may Glyndŵr and the two Llywelyns*
*Lead their armies to protect the valley;*
*And you, great Michael of Bod Iwan,*
*If you were here now, you would be defiant,*
*No home, no harp, nor toil nor tillage,*
*Nor the empty graveyard of the village,*
*Would be drowned by the dam of the uncircumcised giant.*

D. Gwenallt Jones

First published in *Y Seren*, 29 December, 1956

*Y mae un o ddinasoedd mwyaf Lloegr yn dwyn trais ar ddarn pwysig o Gymru a thrwy'r darn hwnnw, ar Gymru gyfan.*

Dr Thomas Parry, rhan o'i anerchiad a ddarllenwyd yn rali Plaid Cymru yn Y Bala, Medi 29, 1956

30. Dafydd Roberts, Caefadog, Cadeirydd y Pwyllgor Amddiffyn. Amaethwr, postman, cynghorydd a blaenor, ef oedd y dewis naturiol i arwain yr ymgyrch yn erbyn y boddi.

31. Elisabeth Watkin Jones, Ysgrifenyddes y Pwyllgor Amddiffyn. Athrawes a fagwyd yn y cwm ac a ysgrifennodd gannoedd o lythyrau at wahanol fudiadau ac unigolion yn eu hannog i wrthwynebu'r boddi.

32. Adroddiad yn *Y Seren*, y papur lleol, ar Ionawr 14, 1956, am y cyfarfod cyntaf gan drigolion Celyn i wrthwynebu'r boddi.

*One of England's biggest cities is violating an important part of Wales and through that part, the whole of Wales.*

Dr Thomas Parry, part of an address read at the Plaid Cymru rally at Bala, 29 September, 1956

30. Dafydd Roberts, Caefadog, Chairman of the Defence Committee. Farmer, postman, councillor and deacon, he was the natural choice to lead the campaign against the drowning.

31. Elisabeth Watkin Jones, Secretary of the Defence Committee. A teacher brought up in the valley and who wrote hundreds of letters to various organisations and individuals encouraging them to oppose the drowning.

32. Report in *Y Seren*, the local paper, on 14 January, 1956, on the first meeting held by the inhabitants of Celyn to oppose the drowning.

## Capel Celyn

31

### RHYFEL DROS ARDAL CELYN

Nos Wener cyntaf o'r flwyddyn yng nghapel Celyn, cyfarfu'r ardalwyr ac amryw o'r brovdd cyfagos dan arweiniad C. O. Jones, Ysw., Gwerngenau, i gychwyn yr ymgyrch yn erbyn ymgais Corfforaeth Lerpwl i foddi'r cwm

Daeth distawrwydd rhyfedd pan ofynnodd y llywydd i'r Parch. H. W. Hughes ddechrau'r cyfarfod gyda gweddi. Tarawyd yn y weddi nodyn a barodd drwy'r cyfarfod, a chan mor ddwys y teimladau gallesid yn briodol fod wedi diweddu'r cyfarfod gyda'r emyn a orffen—

"Yn wyneb pob caledi
Y sydd neu eto ddaw,
Dod gadarn gymorth inni
I lechu yn dy law."

Cafwyd gair byr gan nifer oedd yn bresennol, ac ar wahan i'w geiriau, hawdd deall eu teimladau pan glywid y cryndod yn dod i'r llais, neu pan y gwelid llyn bach o ddŵr yn cronni yng nghornel y llygaid.

"Yma mae beddrodau'r tadau
Yma mae ein plant yn byw."

Er mai dwyster nodweddai araith pawb pan yn sôn am golli eu cartrefi, eto gellid teimlo bod ysbryd "Beca" heb gilio o dyrpec Hafod Fadog, a hawdd y gallaf gredu mai yn y Llyn Cam y bydd gwyr mawr Lerpwl yn cael eu trochi os daliant ati i fygwth.

Yr oedd Cadeirydd ac Ysgrifennydd Undeb Amaethwyr Meirion yn bresennol er cario protest y cyfarfod i'w Pwyllgor.

Rhoddwyd ar y Parch. H. W. Hughes i gyflwyno penderfyniad y cyfarfod i'r Henaduriaeth yn y Bala, ac i ofyn am eu cefnogaeth.

Yn ddios y mae achub Celyn yn bwysig i'r ardalwyr; y mae hefyd yn bwysig i Gymru gyfan gan fod bodolaeth ei gwerin yn y clorian.

Galwn ar Gymru—
"Dros fri ein tir, dros fraint hen,
Dros ein Duw, dros nwyd Awen,
Dros aelwyd ddoeth, dros wlad dda,
Rhyfelwn a'r arf oa'."

WAR OVER THE CELYN AREA

The first Friday of the year at Capel Celyn, the inhabitants and many others from the nearby communities met under the leadership of C.O. Jones Esq, Gwerngenau, to begin the campaign against Liverpool Corporation's proposal to drown the valley.

A strange silence fell on the meeting when the president asked the Reverend H. W. Hughes to open the meeting with a prayer. The note struck in the prayer was held throughout the meeting, and as feelings were so sombre the meeting could well have been closed with the hymn ending with

*'In the face of every hardship
Present or yet to come.
Give us firm assistance
To shelter in your hand.'*

A number of those present gave a few words, and apart from their words it was easy to understand their feelings when their voices became broken, or when a teardrop could be seen in the corner of their eye.

*'Here lie the remains of our fathers
Here our children live.'*

Although solemnity was the main feature of everyone's address when mentioning the loss of their homes, it could also be felt that the spirit of 'Beca' has not disappeared from the Hafod Fadog turnpike, and I can easily believe that the gentlemen of Liverpool will be dipped in Llyn Cam if they continue to issue a threat.

The Chairman and Secretary of the Merioneth Farmer's Union were present to convey the meeting's protest to the Committee.

The Reverend H.W. Hughes was asked to convey the meeting's decision to the Presbytery at Bala, and to ask for their support.

Undoubtedly rescuing Celyn is important to the inhabitants; it is also important for the whole of Wales as the existence of our people is in the balance.

We call to Wales –

*'For our land's renown, for an ancient privilege,
For our God, for the spirit of the Muse,
For our wise hearths, for a good country
We will fight with the last weapon.'*

CAPEL CELYN DEFENCE

## PUBLIC MEETING

AT THE AELWYD HALL
**CORWEN**

FRIDAY 5 **OCTOBER**

TO START AT 7.30PM

SPEAKERS:
Alderman **E. P. Roberts**, Llanfor
**Tom Jones** Esq, JP, C.S., and others

Chair: Reverend **Goronwy Owen BA** Corwen

Under the sponsorship of the Capel Celyn Defence Committee

### A WARM WELCOME TO ALL

33. a/b. Trefnwyd cyfarfodydd cyhoeddus ar hyd a lled y wlad i ddadlau achos trigolion Celyn. Yn ogystal, anogwyd pobl i anfon llythyrau o brotest yn erbyn y cynllun at Gyngor Lerpwl.

33. a/b. Public meetings were arranged all over the country to plead the case of the inhabitants of Celyn. Also, people were encouraged to send letters of protest against the scheme to Liverpool Council.

**AMDDIFFYN CAPEL CELYN**

# CYFARFOD CYHOEDDUS

YN NEUADD YR AELWYD

★ **CORWEN** ★

NOS WENER **HYDREF** 5

I Ddechrau am 7.30p.m.

Siaradwyr :—
Henadur **E. P. ROBERTS**, Llanfor
**TOM JONES** Ysw., Y.H., C.S.,
Ac Eraill

Cadeirydd : Parch. **GORONWY OWEN B.A.**, Corwen

DAN NAWDD PWYLLGOR AMDDIFFYN CAPEL CELYN

**CROESO CYNNES I BAWB**

### AT Y GOLYGYDD

Annwyl Syr,

Ynglŷn â Chynllun Dŵr Corfforaeth Lerpwl i foddi ardal Capel Celyn, mae'n hyfrydwch gennyf dystio fod sicrwydd pendant yn dod i law yn ddyddiol fod cydymdeimlad mawr â ni, a llawer yn barod i ddangos cefnogaeth ymarferol, er nad ydym hyd yn hyn wedi gwneud apêl gyhoeddus.

A gaf fi apelio yn garedig trwy'r "Seren", ar i bob Mudiad neu Bwyllgor neu Gymdeithas sydd eisoes wedi datgan protest i Lerpwl adael i mi wybod am hyn, ynghyd a chopi o'r brotest? Dylid danfon copi befyd i'r A.S. lleol gan alw arno wrthwynebu'r Cynllun.

Gwahoddwn ymhellach benderfyniadau gan bob math o fudiad ac Eglwys ac Undeb a Sefydliadau sy'n cefnogi gwrthwynebu'r cynllun. Dylid danfon y protestiadau i Mr. Thomas Alker, LL.M., Town's Clerk Office, Municipal Buildings, Dale Street, Liverpool 2. Eto, dymunaf gael copïau i'r Pwyllgor ac i'r A.S.

Gwahoddwn hefyd unigolion i weithredu yn yr un dull. Ein bwriad yw gwrthsefyll hyd ein gallu, ac mae pob cefnogaeth yn bwysig ar gyfer y dyfodol.

Yr eiddoch,
Dros y Pwyllgor Amddiffyn,
ELIZABETH M. WATKIN JONES,
Ysg.

## TO THE EDITOR

Dear Sir,

Regarding the Liverpool Corporation's Water Scheme to drown the Capel Celyn area, it's a pleasure to testify that firm evidence is coming to hand daily that there is great sympathy felt towards us, and many are willing to show practical support, although we have not yet made a public appeal.

Can I appeal through the "Seren" on every organisation or Committee or Society that have already expressed their protest to Liverpool to let me know about this, as well as a copy of the protest? A copy should also be sent to the local MP calling on him to oppose the Scheme.

We also invite resolutions by every type of movement and Church and Union and Establishment that support opposing the scheme. The protests should be sent to Mr Thomas Alker, LLM, Town Clerk's Office, Municipal Buildings, Dale Street, Liverpool 2. Again, I wish to receive copies and send them to the MP.

We invite individuals also to act in the same way. We aim to withstand this to the utmost, and every support is important for the future.

*Yours,*
*For the Defence Committee*
ELIZABETH M. WATKIN JONES,
*Sec*

34. Gwynfor Evans a ddaeth yn amlwg iawn yn yr ymgyrch yn annerch rali Plaid Cymru yn Y Bala, Medi 29, 1956, yn erbyn y boddi. Yn y cefndir Dr Gwenan Jones a'r Cynghorydd Tom Jones, Llanuwchllyn.

34. Gwynfor Evans who became very prominent during the campaign, addressing the Plaid Cymru rally at Bala, 29 September, 1956, against the drowning. In the background Dr Gwenan Jones and Councillor Tom Jones, Llanuwchllyn.

35. Rhan o'r orymdaith adeg y rali yn Y Bala.

35. Part of the march during the rally at Bala.

> When against terriffic odds a small nation is seeking to preserve its personality and culture the destruction of any area where the language and national characteristics have been traditionally preserved would be a misfortune which every effort should be made to avoid.
>
> Material economic advantages are far too dearly bought when secured at the loss of an inspiring spiritual inheritance and some modern efficiency enthusiasts need to have this fact forcibly impressed upon them.
>
> When alternatives which do not involve such a loss are available, all who believe that man has needs other than those of the body will sympathise with the people of the Welsh nation in their efforts to see that alternatives to the Tryweryn scheme be found and adopted. I wish you every success.
>
> *Éamon de Valéra*
>
> Sept. 24, 1956.   Dail Eireann, Dublin.

36. Neges o gefnogaeth i drigolion Capel Celyn gan Éamon De Valera, arweinydd y blaid Fianna Fáil yn Senedd Iwerddon. Darllenwyd yn y rali yn Y Bala.

37. a/b/c. Tri o'r cannoedd o lythyrau gan fudiadau ac unigolion yn dadlau yn erbyn boddi Cwm Celyn.

36. A message of support to the inhabitants of Capel Celyn by Éamon de Valera, the leader of Fianna Fáil in the Irish Parliament. It was read out at the rally at Bala.

37. a/b/c/ Three from amongst the hundreds of letters from movements and individuals opposing the drowning of Cwm Celyn.

---

COPY

Long Meadow,
Raby Mere,
Wirral.

14.11.56.

The Lord Mayor and Members of Liverpool Corporation and the Water Committee in particular.

TRYWERYN

You propose to flood this village to supply Liverpool with water, you without the slightest compunction or consideration of the villagers and farmers who would lose their homes, their land and everything that they value to suit you, a damned lot of villains, selfish, rotten, greedy, corrupt and dishonest - so called Councillors. What damnable hypocrisy - I am all right, the other fellow, can go to hell - thats you.

Did you ever consider what a dirty lousy scurrilous trick this is to play on anyone, and let me ask you this question. If you lived there - your family before you, probably for generations and your ties were there, would you like to have this dirty lousy scurrilous trick played on you. Have you ever imagined yourselves in the position of these folk, if not, just do so and think out how you would like it.

Anyone to hear you blatant fools, would think you had a right to destroy other people's homes and land, whereas you have none whatever, moral or otherwise.

You would be dictators, would be Hitlers and Stalins, criticise Russia, one need not go out of Liverpool to find them, Liverpool Council are a good sample. I can only liken your proposed action to that of Russia in Hungary. You are equally as bad and I suggest to the Welsh folk that they get together and lay out the first people that venture to touch their land or homes and to carry out this devilish work and also any councillor who shows his face.

You can get all the water you want by sinking wells without going to Wales at all and I say that if you deliberately carry out this project of destruction, I shall, without hesitation, call upon the Almighty, whose prerogative it is, to curse you all for your devils work. May I say that I make no apology for writing this to a lot of selfish swine.

(Signed) A. M. Kissack.

### 37b

```
NATIONAL UNION OF MINEWORKERS
       (SOUTH WALES AREA).

   LODGE...MORLAIS...

Liverpool Corporation,        23, Bryn Rhos",
    Liverpool.                 Gelli Road,
                                LLANELLY.



    We the Members of Morlais Lodge N.U.M. protest
most vigorously to the proposed drowning of the
Tryweryn Valley, by the Liverpool Corporation.



            ON BEHALF OF MORLAIS LODGE.
                (Sgd)  D.E. LEWIS.

                    (Lodge Secretary)
```

### 37c

```
                            207 Hopetoun Ave
                            Vaucluse
                            Sydney N S W?
                            Australia.

Yr Ysgrifennydd,              23/Aug/56.

Dear Sir,
        Welshmen all over the World view with
disgust the servile attitude of Wales today to the
spoilation of Welsh economy as well as the wanton
destruction of its scenic beauties by schemes
such as the proposed inundation of Cwm Tryweryn.
        I earnestly suggest you stop talking
and do what Ireland did. When you start, let me
know, and I will be right over. In this country
(Australia) the Englishman is regarded as a clown.
Why then give him the deference and status of an
all-conquering being, and approach him as members
of a subject race instead of booting him out,
and gaining the dignity of nationhood?
        Pryd mae Cymru yn mynd i ddeffro? I hunan-barch
ac i'r ysbryd yna o genedlogrwydd, a chymeryd ei lle
fel Cenedl gyfan yn mysg Cenedloedd y byd.
Peidiwch a bod fel ryw bibbi-downs diawl, yn farwaidd
a di-ysbryd.
        I have been out here 37 years, and I am as intensely
Welsh in speech and spirit now as the day I left.
        Again I say to you; " Stop asking and begging them
for your inalienable rights, but start doing something.
When you do that, I, and hundreds of other Welshmen,
will come home and do our bit."
        Bob llwyddiant i'ch ymdrechion,
                    yr eiddoch yn gywir,
                        Dick Williams
                           O'Stiniog
```

12. **NOTICE OF MOTION.** Councillor Iestyn Thomas moved the following Notice of Motion:-

" That the Bala Urban District Council oppose the Liverpool Corporation's proposed scheme at Capel Celyn on the grounds that—

The extraction of water from the Catchment Area which is in the vicinity of the Bala U.D.C.'s own water supply at Arenig Lake may have a detrimental effect on this supply, and also the failure of the Liverpool Corporation to give an assurance that our supply will not be distrubed."

The motion was lost.

FOR: - 3          AGAINST: - 7

38.a/b. Er bod y rhelyw o bobl yn erbyn y boddi cafwyd cefnogaeth i gynlluniau Lerpwl. Yn rhyfeddol un Cyngor a roddodd sêl ei fendith oedd Cyngor Tref Y Bala. Pan geisiodd un aelod roi cynnig o flaen y Cyngor mewn cyfarfod ar Hydref 5, 1956, y dylid gwrthwynebu Lerpwl ar y sail y gallai'r cynllun amharu ar gyflenwad dŵr Y Bala o lyn Arenig, gwrthodwyd ef. Bu dadlau ffyrnig yn y wasg am agwedd y Cyngor, ac er i aelodau unigol wrthwynebu Lerpwl, ni newidiodd y Cyngor ei safiad gwreiddiol.

38. a/b Although most people were against the drowning some support was given to Liverpool's plans. Strangely, one Council who supported the scheme was Bala Town Council. When one member tried to bring a motion before the Council in a meeting on 5 October 1956, that Liverpool should be opposed on the basis that the scheme could adversely affect Bala's water supply from Llyn Arenig, it was rejected. The Council's attitude was fiercely discussed in the press, and although individual members opposed Liverpool, the Council did not change its initial stand.

*If cultural grounds are one of the objections, then ignore it completely because Welsh culture is mythological. I have lived for ten years in the most Welsh part of Wales, I have heard much about this Welsh culture but no one has ever seen it.*

*The Welsh Language cannot earn anyone a crust of bread. It is purely a domestic language taught for sentimental reasons. The commerce of the country is not done in the language, no business house uses it, there is no system of shorthand adapted to the language. The language does not possess words and terms for the Arts or Medicine, etc. It has never possessed either literature or author of international fame neither does it possess a daily newspaper, yet 28% of the people here speak Welsh alone. They can neither read a morning newspaper nor understand a radio programme. In my opinion this is criminal.*

Rhan o lythyr rhyfeddol gan un S. Barnes o blaid Lerpwl

Part of an incredible letter from one S. Barnes in support of Liverpool

# Y Seren

### SADWRN, HYDREF 13, 1956

## Cyngor y Bala yn Peidio Gwrthwynebu Cynllun Lerpwl

Mewn cyfarfod o Gyngor y Bala, nos Wener, dan lywyddiaeth y Cyngh. E. J. Jones, Y.H., gwrthodwyd pasio penderfyniad i wrthwynebu Cynllun Corfforaeth Lerpwl yng Nghwm Tryweryn.

Dygwyd y mater ymlaen gan y Cyngh. Iestyn Thomas, yr hwn a gynigiodd bod y Cyngor yn gwrthwynebu Cynllun Corfforaeth Lerpwl yng Nghelyn oherwydd yr ofnai y byddai tynnu dŵr o'r "Catchment Area" yn beryg o effeithio'n niweidiol ar gyflenwad y Cyngor yno, ac oherwydd methiant Corfforaeth Lerpwl i roddi sicrwydd nad aflonyddid ar y gronfa yn Llyn Arenig. Cyfeiriodd at dri cham a gymerodd y Cyngor eisoes i ddiogelu'r gronfa, i'w chadw'n lân, ac i sicrhau bod darpariaeth yn cael ei wneud yn y Mesur Seneddol na wnâi'r Cynllun ymyrryd ar y cyflenwad hwn. Yr oedd yn amlwg, meddai'r cynigydd, bod gan y Cyngor eisiau diogelu ei gyflenwad dŵr; ond er waith y rhoddir y Cynllun ar droed ni all yr un Mesur Seneddol atal ymyrraeth o'r oherwydd. "Rhoddodd Corfforaeth Lerpwl sicrwydd," meddai'r Cyngh. Thomas, "ynghylch uchter y ffosydd a dorrir, ond gallai y ffosydd hyn gael effaith mor niweidiol ar y cyflenwad fel na allai y bibell fwyaf wneud yn iawn y golled." Cyfeiriodd at gynigiad Corfforaeth Lerpwl y gosodent bibell o'r Llyn at gronfa'r Cyngor. "Ond," meddai, "cyn y gellid defnyddio'r dwr hwn gan drigolion y Bala byddai'n rhaid ei buro, ac i hynny byddai *plant* arbennig a drud yn angenrheidiol, a byddai y gôst o gynnal y *plant* hefyd yn uchel." Gofynnodd: "A phwy fydd raid dalu am hyn? Ni welaf Lerpwl yn gwneud!" Dylasai y cynigiad hwn, meddai'r Cyngh. W. T. Bason, wrth wrthwynebu, fod wedi dod ymlaen fel gwelliant i'r cynigiad a wnaed ynglŷn â'r Mesur Seneddol fis yn ôl. Credai'r Cynghor. Bason y byddai darpariaeth yn y Mesur yn diogelu'r cyflenwad i'r dref, a byddai gwrthwynebu'r Cynllun yn awr yn gwanhau ein hachos yno. Dywedodd y Cyngh. H. R. Davies y gellid priodi'r ddau, a thrwy hynny wneud safiad y Cyngor yn gryfach. Wrth gau'r ddadl, dywedodd y Cyngh. Thomas mai un o'r rhesymau gorau dros wrthwynebu'r Cynllun ydoedd llythyr Corfforaeth Lerpwl, ymha un y methasant a rhoddi sicrwydd nad aflonyddid ar y dŵr. Dywedodd y dylai aelodau'r Cyngor a gefnogodd y tri phwynt y cyfeiriodd atynt ar y dechrau, ac sydd â dyfodol cyflenwad dŵr y Bala yn agos i'w calonnau, hefyd, gefnogi'r cynigiad a oedd gerbron. Ond pleidleisiwyd yn erbyn y cynnig.

38b.

# Y Seren

### SATURDAY, 13 OCTOBER 1956

## Bala Council Will Not Oppose Liverpool Scheme

In a meeting of Bala Council on Friday night, under the presidency of Councillor E. J. Jones JP, a resolution to oppose Liverpool Corporation's Scheme in Cwm Tryweryn was rejected.

The matter was brought forward by Councillor Iestyn Thomas, who proposed that the Council should oppose Liverpool Corporation's Scheme in Celyn as he was concerned that extracting water from the catchment area would have an adverse effect on the Council's supply there, and due to Liverpool Corporation's failure to give assurances that the Llyn Arenig reservoir would not be tampered with. He referred to three steps the Council have already taken to protect the reservoir, to keep it clean, and to ensure that provision is made in the Parliamentary Bill that the Scheme will not interfere with this supply. It was obvious, claimed the proposer, that the Council wants to protect its water supply: but once the Scheme is in hand no Parliamentary Bill can prevent interference and so "Liverpool Corporation have given assurances," said Councillor Thomas, "regarding the height of drains that will be cut, but these drains could have such a detrimental effect on the supply so that the biggest pipe could not make up the loss." He referred to Liverpool Corporation's proposal to install a pipe from the Lake to the Council's reservoir. "But," he said ,"before this water could be used by the inhabitants of Bala it would have to be purified, and, the cost of maintaining the plant would also be high." He asked: "And who will have to pay for this? I can't see Liverpool doing so!" This motion, said Councillor W. T. Basson in opposition, should have been presented as an amendment to the proposal made regarding the Parliamentary Bill a month ago. Councillor Basson believed that the provisions in the Bill would protect the supply to the town, and that opposing the Bill now would weaken our case there. Councillor H. R. Davies said that both could be joined and then the Council's stand would be strengthened. In closing the debate, Councillor Thomas said that one of the best reasons for opposing the Scheme was Liverpool Corporation's letter, where they failed to give assurances that the water would not be interfered with. He said that members of the Council who supported the three points he referred to at the beginning, and who have the water supply for Bala close to their hearts, also should support the motion before them. But the motion was rejected.

39. Goronwy Roberts, Aelod Seneddol Sir Gaernarfon, a T. W. Jones, yr Aelod Seneddol lleol, yn cyfarfod â thrigolion Capel Celyn. Er iddynt ddadlau yn gryf yn y Senedd yn erbyn y cynllun, ofer fu eu hymgais i'w atal.

39. Goronwy Roberts, Member of Parliament for Caernarfonshire, and T. W. Jones, the local Member of Parliament, meeting the inhabitants of Capel Celyn. Although they argued strongly in Parliament against the scheme, their efforts were in vain.

> **PWYLLGOR AMDDIFFYN CAPEL CELYN,**
> Ysgrifennydd – Miss E. M. Watkin Jones,
> "Celyn"
> Bala.
>
> 2nd July, 1956.
>
> T. Alker, Esq., LL.M.,
> Town Clerk,
> Municipal Buildings,
> Liverpool. 2.
>
> Dear Sir,
>
> I placed your letter of the 24th instant before my Committee on June 30th and we notice that the suggestion that your Council would consider making a departure from their usual procedure on account of the exceptional gravity of the matter was considered by the Water Committee.
>
> My Committee feels strongly that no useful purpose would be served by meeting your Council's Water Committee, though it is still prepared to arrange a meeting with your Council itself as the Authority responsible for the City's collective actions.
>
> The main object of sending a deputation representative of Wales is to ensure that your City Council, and through it the people of Liverpool, are aware of the grounds of the Welsh Opposition to the proposed drowning of Cwm Tryweryn. We have no desire to discuss the matter, which for us admits of no compromise, with a Committee of your Council.
>
> We feel that your Council, having put us to great trouble and expense to defend this part of our Country, its culture and resources, should have the good grace to receive a deputation, however important deliberations on local matters may be, and even if, as you state, it has not received a deputation for some time.
>
> This second refusal suggests to us that your Council does not view the effects of its project in Merioneth as seriously as the people of Wales do. We are sure that no English municipality would have dared to ride roughshod in this way over Irish interests and sentiment.
>
> Yours faithfully,
> (signed) Elizabeth M. Watkin Jones.
> Secretary.

40. Llythyr yn ymwneud â dadl y Pwyllgor Amddiffyn i gael yr hawl i annerch Cyngor Lerpwl ac nid y Pwyllgor Dŵr. Arweiniodd gwrthwynebiad Lerpwl at ymgais aflwyddiannus gyntaf Gwynfor Evans i annerch y Cyngor.

40. A letter regarding the case presented by the Defence Committee for the right to address Liverpool Council and not the Water Committee. Liverpool's refusal lead to Gwynfor Evans' first, unsuccessful attempt, to address the Council.

41. Y ddirprwyaeth a geisiodd annerch y Cyngor. Y Parch. R. Tudur Jones, Pennaeth Coleg Bala-Bangor; Gwynfor Evans a Dafydd Roberts, Tachwedd 7, 1956.

41. The deputation who attempted to address the Council. Reverend R. Tudur Jones, Principal of Bala-Bangor Theological College; Gwynfor Evans and Dafydd Roberts, 7 November, 1956.

*Because the Liverpool City Council had refused to receive a deputation from Wales, Mr David Roberts, Caefadog, Dr Tudur Jones, Principal of Bala-Bangor College, and I decided to try to make our voice heard in the council. Through the kindness of Councillor Lawrence Murphy, an Irishman with nationalist leanings who was a friend of Dr Dafydd Alun Jones, we obtained a copy of the agenda to note when the Tryweryn issue would rise. We sat in the front row of public seats behind the back row of councillors. Immediately in front of me was the solid figure of Mrs Bessie Braddock. When the Tryweryn matter was reached I got up and addressed the chair. No sooner had I started to speak that Mrs Braddock shouted at the top of her voice and banged the lid of her desk up and down. Most other councillors seemed to follow her lead as I continued to try to speak. My voice and that of the chairman were lost in the uproar which continued until the police were called in to take us out.*

Dr Gwynfor Evans, *Fighting for Wales*

42. *Y Cymro*, Tachwedd 22, 1956.

42. *Y Cymro*, 22 November, 1956.

"A corporation has no conscience …"

43

43. Gyda methiant y ddirprwyaeth i annerch y Cyngor, penderfynwyd y dylai trigolion Celyn fynd i Lerpwl i wrthdystio yn erbyn y cynllun.

Ar eu ffordd i ddal y bws i Lerpwl, Emyr Rowlands, Mrs Jini Rowlands ac Eira Rowlands, Y Gelli, gyda Mrs Ellen Roberts a Dafydd Roberts, Caefadog.

43. With the deputation's failure to address the Council, it was decided that the inhabitants of Celyn should travel to Liverpool to protest against the scheme.

On their way to catch the bus for Liverpool, Emyr Rowlands, Mrs Jini Rowlands and Eira Rowlands, Y Gelli, with Mrs Ellen Roberts and Dafydd Roberts, Caefadog.

44. Trigolion Celyn ger mynedfa Tŷ Isaf cyn cychwyn ar y daith i Lerpwl, Tachwedd 21, 1956.

Rhes uchaf [chwith i'r dde]: John Abel Jones, Hafodwen; Nel Jones, Tŷ Uchaf, Ty'n y Bont; Morris Roberts, Craig yr Onwydd; Dafydd Roberts, Moelfryn; John Anthony Jones, Rhyd y Fen, Arenig; John Jones, Tŷ Uchaf, Ty'n y Bont; Emrys Lloyd Jones, Tŷ Nant; Catrin Jones, Tŷ Uchaf, Ty'n y Bont; Rhiannon Jones, Boch y Rhaeadr; Cadwaladr Jones, Gwerngenau; Cadwaladr Edwards, Penbryn Mawr; Mona Jones, Y Plas, Arenig; Mrs Roberts, Dôl Hir, Fron-goch; Hannah Owen, Y Filltir Gerrig, Arenig; Dafydd Roberts, Caefadog.

Rhes ganol: Gwynlliw Jones, Craignant; James Edwards, Penbryn Mawr; Hywel Wyn Jones, Tŷ Uchaf, Ty'n y Bont; Tomos Jones, Hafodwen; Myfanwy Jones, Tŷ Nant; Jini Jones, Ty'n y Bont; Mair Jones, Tŷ Nant; Lina Jones, Boch y Rhaeadr; Elizabeth Jones, Boch y Rhaeadr.

Rhes isaf: Emrys Rowlands, Y Gelli; Elwyn Edwards, Station View, Fron-goch; Gareth Lloyd Jones, Tŷ Nant; Robert Wyn Jones, Tŷ Nant; Gwenan Jones, Tŷ Nant; Jane Roberts, Craig yr Onwydd; Hafina Jones, Boch y Rhaeadr; Audrey Jones, Craignant; Harriet Parri, Y Llythyrdy; Magi Parri, Glan Celyn; Nel Roberts, Caefadog; Jini Rowlands, Y Gelli; Dorothy Roberts, Craig yr Onwydd; Oswald Brotherton, Bethesda [dreifar bws]; Cri Ellis, Ysbyty Ifan [dreifar bws].

Rhes flaen: Arthur Morris Roberts, Craig yr Onwydd; John Elis Jones, Tŷ Nant; Edward Jones, Garnedd Lwyd; Eurgain Prysor Jones, Ty'n y Bont; Aeron Prysor Jones, Ty'n y Bont; Delyth Jones, Tŷ Nant; Eira Rowlands, Y Gelli; Bethan Parri, Y Llythyrdy.

44. The inhabitants of Celyn by the entrance to Tŷ Isaf before their journey to Liverpool, 21 November, 1956.

Top row (left to right): John Abel Jones, Hafodwen; Nel Jones, Tŷ Uchaf, Ty'n y Bont; Morris Roberts, Craig yr Onwydd; Dafydd Roberts, Moelfryn; John Anthony Jones, Rhyd y Fen, Arenig; John Jones, Tŷ Uchaf, Ty'n y Bont; Emrys Lloyd Jones, Tŷ Nant; Catrin Jones, Tŷ Uchaf, Ty'n y Bont; Rhiannon Jones, Boch y Rhaeadr; Cadwaladr Jones, Gwerngenau; Cadwaladr Edwards, Penbryn Mawr; Mona Jones, Y Plas, Arenig; Mrs Roberts, Dôl Hir, Fron-goch; Hannah Owen, Y Filltir Gerrig, Arenig; Dafydd Roberts, Caefadog.

Middle row: Gwynlliw Jones, Craignant; James Edwards, Penbryn Mawr; Hywel Wyn Jones, Tŷ Uchaf, Ty'n y Bont; Tomos Jones, Hafodwen; Myfanwy Jones, Tŷ Nant; Jini Jones, Ty'n y Bont; Mair Jones, Tŷ Nant; Lina Jones, Boch y Rhaeadr; Elizabeth Jones, Boch y Rhaeadr.

Lower row: Emrys Rowlands, Y Gelli; Elwyn Edwards, Station View, Fron-goch; Gareth Lloyd Jones, Tŷ Nant; Robert Wyn Jones, Tŷ Nant; Gwenan Jones, Tŷ Nant; Jane Roberts, Craig yr Onwydd; Hafina Jones Boch y Rhaeadr; Audrey Jones, Craignant; Harriet Parri, Y Llythyrdy; Magi Parri, Glan Celyn; Nel Roberts, Caefadog; Jini Rowlands, Y Gelli; Dorothy Roberts, Craig yr Onwydd; Oswald Bortherton, Bethesda (bus driver); Cri Ellis, Ysbyty Ifan (bus driver).

Front row: Arthur Morris Roberts, Craig yr Onwydd; John Elis Jones, Tŷ Nant; Edward Jones, Garnedd Lwyd; Eurgain Prysor Jones, Ty'n y Bont; Aeron Prysor Jones, Ty'n y Bont; Delyth Jones, Tŷ Nant; Eira Rowlands, Y Gelli; Bethan Parri, Y Llythyrdy.

## Capel Celyn

45. Mwynhau paned ar y bws yn Lerpwl cyn dechrau gorymdeithio.

[Chwith i'r dde]: Idris Williams, Fedwlwyd; Myfanwy Williams, Brynmelyn; Emrys Davies, Fron-goch; Simon Williams, Brynmelyn; Dafydd Roberts, Moelfryn; Cri Ellis [dreifar y bws], Ysbyty Ifan; Bertie Jones, Y Filltir Gerrig.

45. Enjoying a cup of tea on the bus in Liverpool before the march.

[Left to right]: Idris Williams, Fedwlwyd; Myfanwy Williams, Brynmelyn; Emrys Davies, Fron-goch; Simon Williams, Brynmelyn; Dafydd Roberts, Moelfryn; Cri Ellis (bus driver), Ysbyty Ifan; Bertie Jones, Y Filltir Gerrig.

46. Yr orymdaith ar gychwyn. Gwnaed y posteri gan Ifor Owen.

[Chwith i'r dde]: Y Parch. Gerallt Jones; Cadwaladr Edwards, Penbryn Mawr; John Abel Jones, Hafodwen; Bethan Parry, Y Post; Gerallt Jones, Tŷ Nant; Edward Jones, Y Garnedd Lwyd; Elwyn Edwards; Eurgain Prysor Jones, Ty'n y Bont; Eira Rowlands, Y Gelli; Delyth Jones, Tŷ Nant; Aeron Prysor Jones, Ty'n y Bont; Emrys Rowlands, Y Gelli; Robin Wyn Jones, Tŷ Nant; C. O. Jones, Gwerngenau; Gwynlliw Jones, Craignant; Ellen Roberts, Caefadog; Dafydd Roberts, Caefadog.

*Gofynnwyd am gau'r ysgol, er mwyn i'r plant gael mynd i Lerpwl, ac awgrymwyd bod yr athrawes yn mynd gyda'r plant, i'w cadw gyda'i gilydd, ac i wneud y daith yn un addysgiadol. Cydsyniodd y rheolwyr â'r awgrym gyda brwdfrydedd.*

Cofnodion Rheolwyr Ysgol Capel Celyn, Tachwedd 16, 1956

47. a/b. Gorymdeithio yn Lerpwl. Ar y blaen Gwynfor Evans gyda John Abel Jones, Hafodwen, a C. O. Jones, Gwerngenau, yn cario'r faner.

**Cawsom ein hebrwng drwy'r ddinas gan yr heddlu a'r hyn sydd wedi glynu yn y cof yw bod rhai o hen wragedd mantach y lle . . . yn gweiddi ac yn poeri arnom, rhai eraill yn ein diawlio'n ddidrugaredd ac yn ein galw'n bob enw.**

Elwyn Edwards

46. The march about to set off. Ifor Owen made the posters.

[Left to right]: Reverend Gerallt Jones; Cadwaladr Edwards, Penbryn Mawr; John Abel Jones, Hafodwen; Bethan Parry, Y Post; Gerallt Jones, Tŷ Nant; Edward Jones, Y Garnedd Lwyd; Elwyn Edwards; Eurgain Prysor Jones, Ty'n y Bont; Eira Rowlands, Y Gelli; Delyth Jones, Tŷ Nant; Aeron Prysor Jones, Ty'n y Bont; Emrys Rowlands, Y Gelli; Robin Wyn Jones, Tŷ Nant; C.O. Jones, Gwerngenau; Gwynlliw Jones, Craignant; Ellen Roberts, Caefadog; Dafydd Roberts, Caefadog.

*Permission was requested to close the school, so that the pupils could go to Liverpool, and it was suggested that the teacher should travel with the children, to keep them together, and to make the journey an educational one. The governors agreed with the suggestion enthusiastically.*

Minutes of the Capel Celyn School Governors, 16 November, 1956

47. a/b. Marching in Liverpool. Gwynfor Evans leading with John Abel Jones, Hafodwen, and C. O. Jones, Gwerngenau, carrying the banner.

**We were escorted through the city by the police and the one thing that has stuck in my mind was some of the place's toothless women . . . shouting and spiting at us, others damning us mercilessly and calling us every name under the sun.**

Elwyn Edwards

46

YOUR HOMES ARE SAFE
SAVE OURS
DO NOT DROWN
OUR HOMES
PRIVATE
PLEASE LIVERPOOL BE A GREAT CITY & NOT A BIG BULLY
CAPEL CELYN MUST LIVE
WINDERMERE or the RIBBLE NOT TRYWERYN
WINDERMERE or the RIBBLE NOT TRYWERYN
HOMES MUST BE SAVED
DOES LIVERPOOL WANT THIS SPECTRE IN ITS WATER ?

## Capel Celyn

47a

## Tryweryn yn Lerpwl

*Gwich y breciau ar heol damp*
*A'r fintai fach o hyd ar dramp.*

*Y Ddraig ar flaen yr orymdaith brudd*
*A staen o waed ar fron y dydd.*

*Gorymdaith feiddgar heb fiwsig band*
*Yn cario'r pridd at y siambr grand.*

*Cawod o ganu mewn niwlog nef*
*A Phantycelyn wrth siambr y dref.*

*Ond ni ddeallai wynebau hir*
*Y doeth gynghorwyr ddoethineb y tir.*

*Doethineb y gweunydd sy'n llawer hŷn*
*Na'r brau wareiddiad a gododd dyn.*

William Jones (Nebo)

## Tryweryn in Liverpool

*The screech of brakes on a rain-wet street,*
*And the echoing sound of marching feet.*

*The sad procession by the Dragon led,*
*And the dismal day was stained blood-red.*

*A bold procession without a band*
*Carrying to the chamber the soil of the land.*

*And the singing filling the misty air*
*And Pantycelyn heard everywhere.*

*But the long-faced councillors couldn't understand,*
*With all their wisdom, the wisdom of the land.*

*The earth's wisdom has a longer span*
*Than the brittle civilisation of man.*

William Jones (Nebo)

Capel Celyn

48. Ar ôl y brotest cyfle i weld ychydig ar y ddinas. [Chwith i'r dde]: Arthur Morris Roberts, Craig yr Onwy; Gareth Jones, Tŷ Nant; Emrys Jones, Tŷ Nant; Hywel Wyn Jones, Tŷ Uchaf, Ciltalgarth; Tom Jones, Boch y Rhaeadr; Morris Jones, Craig yr Onwy; Robert Rowlands, Red Lion, Y Bala; Thomas Jones, Hafodwen; John Anthony Jones, Rhyd y Fen; Dafydd Roberts, Moelfryn.

48. An opportunity to see the city after the protest. [Left to right]: Arthur Morris Roberts, Craig yr Onwydd; Gareth Jones, Tŷ Nant; Emrys Jones, Tŷ Nant; Hywel Wyn Jones, Tŷ Uchaf, Ciltalgarth; Tom Jones, Boch y Rhaeadr; Morris Jones, Craig yr Onwydd; Robert Rowlands, Red Lion, Bala; Thomas Jones, Hafodwen; John Anthony Jones, Rhyd y Fen; Dafydd Roberts, Moelfryn.

— Capel Celyn —

49. Defnyddiwyd y teledu, cyfrwng newydd ar y pryd, i ledaenu'r gwrthwynebiad gyda gwahoddiad gan deledu Granada ym Manceinion i drigolion Celyn gymryd rhan yn y rhaglen *Under Fire*, Tachwedd 29, 1956.

49. Television was used, a new medium at the time, to spread the opposition with an invitation from Granada TV in Manchester to the inhabitants of Celyn to take part in the programme *Under Fire*, 29 November, 1956.

## Yn y Senedd

Cyn y gallai Lerpwl gyflwyno eu Mesur yn y senedd roedd yn ofynnol iddynt gael cefnogaeth trethdalwyr y ddinas. Yn Neuadd St. George ar Ragfyr 17, 1956, galwyd cyfarfod cyhoeddus i drafod y mater. Cythruddwyd y Cymry hynny yn y gynulleidfa gan ymosodiadau gwrth-Gymreig yr Henadur John Braddock, arweinydd y grŵp Llafur ar y Cyngor. Ymhellach cyhuddwyd y Cyngor o lenwi'r cyfarfod â gweithwyr y Cyngor ei hun er mwyn gwneud yn siŵr fod mwyafrif o blaid y gwaith. Pan alwyd y bleidlais pleidleisiodd 262 o blaid a 161 yn erbyn.

Daeth mesur Lerpwl o flaen y senedd am ei ailddarlleniad ar Orffennaf 3, 1957. Cyn hynny roedd Pwyllgor Dethol yn Nhŷ'r Arglwyddi wedi bod yn derbyn tystiolaeth o blaid ac yn erbyn y boddi ac wedi dod i'r canlyniad y dylai'r mesur fynd yn ei flaen.

Yn ystod yr ail ddarlleniad roedd holl aelodau Cymru, ar wahân i un, yn unfarn yn eu gwrthwynebiad i'r mesur, er i rai fel Irene White, A.S. Sir y Fflint, ddadlau nid yn gymaint yn erbyn cynnwys y mesur ond yn hytrach yn erbyn methiant y llywodraeth i ddelio gyda'r cwestiwn o gyflenwi dŵr ar raddfa genedlaethol. Pan safodd Henry Brooke, y Gweinidog dros Faterion Cymreig, ar ei draed i annerch y Tŷ siomwyd llawer o'i weld yn ochri gyda Chorfforaeth Lerpwl.

Yn dilyn yr ail ddarlleniad, cafwyd ymchwiliad pellach gan Bwyllgor Dethol y Tŷ Cyffredin, ond fel o'r blaen yr un oedd yr ymateb, sef cario'r mesur ymlaen am ei drydydd darlleniad. Ar Orffennaf 31, 1957, pleidleisiodd 175 o blaid a 79 yn erbyn – mwyafrif o 96. Roedd y daith seneddol ar ben.

## In Parliament

Before Liverpool could present the Bill in Parliament they were required to gain the support of the city's taxpayers. A public meeting was called to discuss the matter at St. George's Hall on 17 December, 1956. The Welsh in the audience were angered by Alderman John Braddock's anti-Welsh attacks, the leader of the Labour group on the Council. Additionally the Council were accused of filling the meeting with Council employees to ensure that the majority would be in favour of the work. When the vote was called, 262 voted in favour and 161 against.

Liverpool's Bill came before parliament for its second reading on 3 July, 1957. Before then a Select Committee in the House of Lords had been receiving evidence for and against the drowning and had come to the conclusion that the bill should proceed.

During the second reading all the Welsh members, except one, were unanimous in their opposition to the bill, although some like Irene White, M.P. for Flintshire, argued not against the Bill's contents but against the government's failure to deal with the question of supplying water on a national level. When Henry Brooke, the Minister for Welsh Affairs, stood to address the House, many were disappointed to see him supporting the Liverpool Corporation.

Following the second reading, a further inquiry by the House of Commons Select Committee was undertaken, but the response was the same, the bill was passed on for its third reading. On 31 July, 1957, 175 voted in favour and 79 against – a majority of 96. The parliamentary journey was at an end.

50. Yr Henadur John Braddock, cefnogwr brwd i'r cynllun. Ei wraig Bessie oedd yr Aelod Seneddol Llafur dros ward Liverpool Exchange.

*If it is decided that in the interest of a large number of people the rights of a very small number of people are affected, then, subject to proper safeguards . . . the right of the majority must prevail.*

Syr Victor Raikes, A.S. Ceidwadol, Garston, Lerpwl

50. Alderman John Braddock, a fervent supporter of the scheme. His wife Bessie was the Labour Member of Parliament for the Liverpool Exchange ward.

*If it is decided that in the interest of a large number of people the rights of a very small number of people are affected, then, subject to proper safeguards . . . the right of the majority must prevail.*

Sir Victor Raikes, Conservative M.P., Garston, Liverpool

51. Trethdalwyr Lerpwl yn pleidleisio ar ddyfodol Capel Celyn.  51. Liverpool taxpayers voting on the future of Capel Celyn.

*We have seen these Welsh people, who because of the failure
of their own country to provide a livelihood for them, have
left their own land almost depopulated.*

Yr Henadur John Braddock, Neuadd St. George, Rhagfyr 17, 1956                Alderman John Braddock, St. George's Hall, 17 December, 1956

52. *Some disturbance of the inhabitants is, of course, inevitable. Everyone deplores the fact that in the interest of progress sometimes some people must suffer, but that is progress.*

Bessie Braddock A.S. yn ystod ailddarlleniad Mesur Corfforaeth Lerpwl, Gorffennaf 3, 1957

Bessie Braddock M.P. during the second reading of the Liverpool Corporation Bill, 3 July, 1957

*53. It will therefore be seen that the true reason for the Tryweryn scheme is not that the water is required to quench the thirst of the people of Liverpool . . . It is wanted by Liverpool for industry, and for resale to industry.*

T. W. Jones, yr Aelod Seneddol lleol, yn ystod ailddarlleniad y mesur

T.W. Jones, the local Member of Parliament, during the second reading of the bill

54a

**The Minister of Housing and Local Government and Minister for Welsh Affairs (Mr. Henry Brooke):** Members who had voted for the Bill's rejection would saddle themselves with a very grave responsibility for water shortages which might occur in the next few years on Merseyside and in south-west Lancashire. I cannot believe that preservation of the Welsh way of life requires us to go as far as that. I cannot believe that the Welsh people of all people want to stand outside the brotherhood of man to that extent.

54b

54a/b. Y Gwir Anrhydeddus Henry Brooke A.S.. Cymaint oedd y drwgdeimlad yn ei erbyn oherwydd ei safiad ar Dryweryn fel y tynnwyd yn ôl wahoddiad iddo fynychu'r Eisteddfod Genedlaethol a oedd i'w chynnal yn Llangefni ym 1957.

54a/b. The Right Honourable Henry Brooke M.P.. Due to his position on Tryweryn, the ill will towards him was so great that his invitation to attend the National Eisteddfod to be held at Llangefni in 1957 was withdrawn.

## Capel Celyn

**55a**

> Her Majesty Queen Elizabeth II
>
> May it please your Majesty
>
> We, the people of Capel Celyn in Cwm Tryweryn in the County of Merioneth, are taking this bold step of appealing to your Majesty, our Queen, personally because our homes are in great danger. Most of us have lived here quietly all our lives and our families for generations before us, and we have followed the good customs of our fathers on the land and in our social life. But the Liverpool Corporation has obtained parliamentary approval for its plan to drown our valley and to remove us from our homes. ¶ We cannot bring ourselves to accept this fate and we now humbly venture to appeal to your Majesty to use your great influence on our behalf to save our homes. We also remember with pleasure that His Royal Highness the Duke of Edinburgh is Earl of Merioneth. ¶ If your Majesty would kindly use your good offices to persuade Liverpool Corporation not to use the power it has obtained, our gratitude will always follow you.

**55. a/b.** Yn dilyn y daith Seneddol, gwnaed apêl i'r Frenhines, ond bu'n fethiant.

**55. a/b.** Following the parliamentary journey, an appeal was made to the Queen, but it failed.

**55b**

> MINISTER FOR WELSH AFFAIRS
> WHITEHALL, S.W.1
>
> 16th December, 1957.
>
> Dear Miss Jones,
>
> The petition which accompanied your letter of 24th September has been referred by the Queen to the Minister of Housing and Local Government and Minister for Welsh Affairs who, at Her Majesty's Command, has given it careful consideration.
>
> The Minister fully understands the feelings of the petitioners whose homes and lands will suffer as a result of the proposals of the Liverpool Corporation, but he feels nevertheless that he cannot, in all the circumstances, advise the Queen to persuade the City Council not to use the powers recently granted by Act of Parliament.
>
> Yours sincerely,
>
> Private Secretary.
>
> Miss E. M. W. Jones.

*Yr ydym wedi colli pob gobaith. Yr ydym wedi gwneud y cyfan sydd yn ein gallu i ddiogelu'r Cwm yma – y mae popeth yn awr yn dibynnu ar ffawd.*

Harriet Parry, Y Llythyrdy, Capel Celyn

*We have lost all hope. We have done everything within our ability to protect this Valley – everything now depends on fate.*

Harriet Parry, The Post Office, Capel Celyn

# Y Chwalu

Gyda phenderfyniad y Senedd o'i phlaid, dechreuodd Lerpwl ar y gwaith yng Nghwm Celyn. Y cynllun oedd clirio popeth o'r cwm. Golygai hyn ddymchwel pob adeilad a chlirio pob coeden a chlawdd. Erbyn adeg y boddi ei hun roedd y cwm fel petai wedi ei sgwrio yn lân – 'doedd dim ar ôl yn sefyll. Rheswm Lerpwl dros dorri'r coed i gyd oedd yr ofn y byddent, wrth bydru, yn tagu'r llifddorau yn y tŵr.

Y peth cyntaf i ddiflannu oedd y rheilffordd. Gan y byddai rhan o'r rheilffordd a redai drwy Gwm Tryweryn yn cael ei boddi pan adeiledid yr argae, roedd Mesur 1957 yn awdurdodi Lerpwl i wyro'r rheilffordd am dair milltir a hanner. Nid adeiladwyd y gwyriad yma gan i'r Comisiwn Trafnidiaeth Brydeinig benderfynu cau'r lein. Yn sgîl hyn cytunodd Lerpwl i gyfrannu tuag at gost y ffordd newydd yng Nghwm Prysor a Chwm Tryweryn ynghyd â'r gost o adeiladu llinell gysylltu rhwng dwy orsaf ym Mlaenau Ffestiniog a thrwy hynny alluogi trenau o Gyffordd Llandudno i gyrraedd yr orsaf bŵer arfaethedig yn Nhrawsfynydd. Y gost am y llinell gysylltu i Lerpwl fyddai £18,000.

Bu raid i'r ffermwyr werthu eu stoc a'u heiddo. Digwyddodd hyn hefyd i ffermwyr a gâi gadw eu tai ond a fyddai yn colli tir, er enghraifft, Gwerngenau. I'r rhai a oedd yn colli eu cartrefi roedd yr ergyd yn ddwbl. Caewyd yr ysgol ar Orffennaf 28, 1963, gyda'r Capel yn cael ei ddatgorffori ar Fedi 28, ac yn unol â'r cynlluniau, dymchwelwyd y ddau adeilad. Datgladdwyd rhai o'r cyrff yn y fynwent cyn gorchuddio'r gweddill â choncrit. Yn ystod blynyddoedd cyntaf y chwedegau symudodd teulu ar ôl teulu allan o'r cwm – gwasgarwyd cymuned glòs i'r pedwar gwynt.

*Cawn ein talu'n dda – ond 'wyddom ni ddim beth yw gwerth yr hyn a gollwn.*

Cadwaladr Edwards, Penbryn Mawr

# Demolition

With Parliament's decision in its favour, Liverpool began the work at Cwm Celyn. The plan was to clear everything from the valley. This meant demolishing every building and clearing every tree and hedge. By the time of the actual drowning the valley was as if it had been scoured clean – nothing was left standing. Liverpool's reason for cutting down all the trees was that they were afraid they would block the floodgates in the tower as they rotted.

The first thing to disappear was the railway. As part of the railway that ran through Tryweryn would be drowned when the dam was built, the 1957 Bill authorised Liverpool to divert the railway for three and a half miles. This diversion was not built as the British Transport Commission decided to close the line. Due to this Liverpool decided to contribute towards the cost of a new road in Cwm Prysor and Cwm Tryweryn along with the cost of building a link line between the two stations in Blaenau Ffestiniog and therefore enabling trains from Llandudno Junction to reach the proposed power station at Trawsfynydd. The cost for the link line for Liverpool would be £18,000.

The farmers had to sell their stock and possessions. This also happened to farmers who could keep their homes but who would lose their land, Gwerngenau, for example. The blow was double for those who would lose their homes. The school was closed on 28 July, 1963, and the dissolution ceremony was held in the Chapel on 28 September, and according to the plans, both buildings were demolished. Some of the remains were disinterred from the cemetery before the remainder were covered with concrete. Family after family left the valley during the early years of the sixties, a close community was scattered to the four winds.

*We will be well paid – but we don't know the true value of what we are losing.*

Cadwaladr Edwards, Penbryn Mawr

56. Agorwyd y rheilffordd o'r Bala i'r Blaenau ym 1882 yn bennaf i gario llechi o'r Blaenau i ganolbarth Lloegr. Ni ellir dweud iddi erioed fod yn llwyddiant masnachol, ac oherwydd nifer bychan y boblogaeth a wasanaethwyd, ni wnaed llawer o arian drwy gario teithwyr.

Rhai o drigolion Arenig, Cwm Tryweryn a Thrawsfynydd yng ngorsaf Y Bala. Hydref 1958.

[Chwith i'r dde]: Alun Jones, Bryn Ifan; Ann Clayton, Traian; Gwenan Hughes, Garth Isaf; Hafina Jones, Boch y Rhaeadr; Mrs Mabel Jones, Bryn Ifan; Eurwen Roberts, Glan Hesgin; Bryn Jones, Isallt, Arenig; Dorothy Jones, Bryn Ifan; Gwladys Williams, Bryncelynog, Cwm Prysor; Eirlys Jones, Bron Asgellog, Trawsfynydd; Valerie Haley, Stryd Tyllwyd, Trawsfynydd; Ann Lorraine Jones, Maes Gwyndy; John Jones, Rhydlechog.

56. The railway from Bala to Blaenau was opened in 1882, mainly to carry slates from Blaenau to the Midlands. It cannot be said that it was ever a commercial success, and due to the small population served, it did not make a great deal of money carrying passengers.

Some of the inhabitants of Arenig, Cwm Tryweryn and Trawsfynydd at Bala station. October 1958.

[Left to right]: Alun Jones, Bryn Ifan; Ann Clayton, Traian; Gwenan Hughes, Garth Isaf; Hafina Jones, Boch y Rhaeadr; Mrs Mabel Jones, Bryn Ifan; Eurwen Roberts, Glan Hesgin; Bryn Jones, Isallt, Arenig; Dorothy Jones, Bryn Ifan; Gwladys Williams, Bryncelynog, Cwm Prysor; Eirlys Jones, Bron Asgellog, Trawsfynydd; Valerie Haley, Stryd Tyllwyd, Trawsfynydd; Ann Lorraine Jones, Maes Gwyndy; John Jones, Rhydlechog.

57. Arhosfan Pont Tyddyn, yn edrych i gyfeiriad Y Bala. Fe orchuddiwyd y safle hwn gan yr argae.

58. Arhosfan Capel Celyn. Gan i drigolion y cwm fethu cytuno ar safle'r arhosfan, adeiladodd y cwmni rheilffordd ddau, un ym mhen uchaf y cwm a'r llan yn y pen isaf.

59. Ar Ionawr 2, 1960, fe redodd y trên teithwyr rheolaidd olaf rhwng Y Bala a Blaenau Ffestiniog. Ymhen blwyddyn ar Ionawr 22, 1961, rhedodd trên arbennig o dan nawdd y '*Stephenson Locomotive Society*'. Pum niwrnod wedyn ar Ionawr 27, 1961, cyrhaeddodd y trên nwyddau olaf Y Bala o'r Blaenau a chaewyd y lein yn gyfan gwbl.

57. Pont Tyddyn Halt, looking towards Bala. The dam covered this site.

58. Capel Celyn Halt. As the inhabitants of the valley could not agree on the location for the halt, the railway company built two, one at the upper end of the valley and the other at the lower end.

59. On 2 January, 1960, the last regular passenger train ran between Bala and Blaenau Ffestiniog. In a year's time, on 22 January 1961, a special train under the auspices of the Stephenson Locomotive Society ran on the line. Five days later, on 27 January, 1961, the last goods train reached Bala from Blaenau and the line was closed completely.

58

59

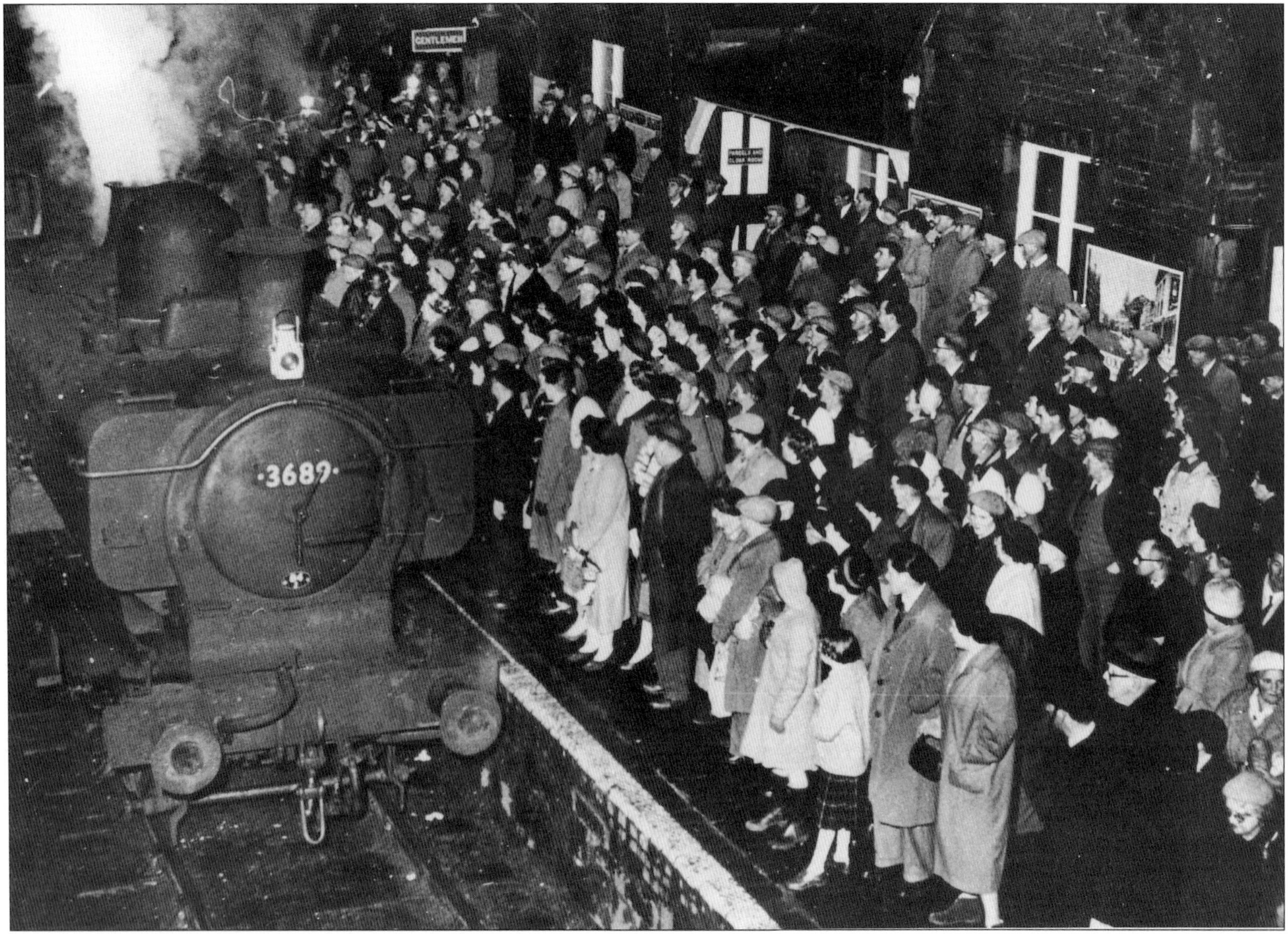

Capel Celyn

60. Gorsaf Arenig ym mis Chwefror, 1962, ychydig amser ar ôl i'r cledrau gael eu codi. Defnyddiwyd rhan o'r hen drac yn y cwm fel ffordd, i gario'r graean o'r pyllau at safle'r argae.

60. Arenig Station in February 1962, a short while after the track was removed. Part of the old track was used in the valley as a road, to carry the gravel from the pits to the dam site.

*'Rydym ni'n byw ar y terfyn, ac wrth ei chlywed hi'n dawel fel y bedd tua Gwerngenau y bore 'ma – dim sŵn hel gwartheg fel arfer, yr oeddwn i bron â chrio.*

Elizabeth Jones, Boch y Rhaeadr

*We live on the next farm, and on hearing the silence, as quiet as a cemetery at Gwerngenau this morning – none of the usual noises of gathering the cows in, I nearly cried.*

Elizabeth Jones, Boch y Rhaeadr

61. a/b. Arwerthiant stoc ac eiddo, Gwerngenau, Hydref 1958.

62. Gwerthu'r llechi, Gwerngenau, Hydref 1958.

[Chwith i'r dde]: C. O. Jones, Gwerngenau; Ivor Evans (Arwerthwr), Hafod y Coed, Y Bala; Meirion Ellis, Ucheldre, Corwen; Cadwaladr Roberts, Hendre Mawr, Fron-goch; Cadwaladr Edwards, Penbryn Mawr; Dafydd Jones, Tŷ Uchaf, Ty'n y Bont; Dafydd Roberts, Caefadog; William Evans, Cyffty, Parc; T. J. Roberts [Twm Jim] Bryn Bannon, Llanfor; Emrys Davies, Y Fedw Arian Uchaf, Rhyduchaf; Thomas Evans, Cyffty, Parc; Ifan Edwards, Glanddwynant, Llandderfel; Tegid Williams, Rafael, Parc.

61. a/b. Stock and implement auction at Gwerngenau, October 1958.

62. Selling the slates, Gwerngenau, October 1958.

[Left to right]: C.O. Jones, Gwerngenau; Ivor Evans (Auctioneer), Hafod y Coed, Bala; Meirion Ellis, Ucheldre, Corwen; Cadwaladr Roberts, Hendre Mawr, Fron-goch; Cadwaladr Edwards, Penbryn Mawr; Dafydd Jones, Tŷ Uchaf, Ty'n y Bont; Dafydd Roberts, Caefadog; William Evans, Cyffty, Parc; T. J. Roberts [Twm Jim] Bryn Bannon, Llanfor; Emrys Davies, Y Fedw Arian Uchaf, Rhyduchaf; Thomas Evans, Cyffty, Parc; Ifan Edwards, Glanddwynant, Llandderfel; Tegid Williams, Rafael, Parc.

Capel Celyn

Capel Celyn

63

63. Cymdogion yn rhoi cymorth i symud dodrefn Garnedd Lwyd.

[Chwith i'r dde]: Mrs Mabel Morgans, Plas Teg, Y Bala; John Evans, Garnedd Lwyd; Dafydd Roberts, Caefadog; Dafydd Jones, Tŷ Uchaf; Dafydd Jones, Tynybont, Frongoch; John Jones, Tŷ Uchaf, Tynybont. Y bachgen – Les Hughes, Plas Teg.

64. John a Mabel Evans, ddiwrnod yr ymadael â Garnedd Lwyd am y tro olaf, Ionawr 1962.

63. Neighbours giving a hand to remove the furniture at Garnedd Lwyd.

[Left to right]: Mrs Mabel Morgans, Plas Teg, Bala; John Evans, Garnedd Lwyd; Dafydd Roberts, Caefadog; Dafydd Jones, Tŷ Uchaf; Dafydd Jones, Tynybont, Fron-goch; John Jones, Tŷ Uchaf, Tynybont. The boy – Les Hughes, Plas Teg.

64. John and Mabel Evans, the day they left Garnedd Lwyd for the last time, January 1962.

## Capel Celyn

65

65. Golygfa o'r cwm uwchben Hafod Fadog oddeutu Gwanwyn 1962 cyn i'r gwaith clirio ddechrau.

66. Yr un olygfa yn nechrau 1964. Mae Hafod Fadog yn adfail gyda phob coedyn a chlawdd ar lawr y dyffryn wedi eu clirio ymaith.

67. Dymchwel Caefadog oddeutu Hydref 1964. Mae'r llifddorau wedi eu cau a'r llyn yn prysur lenwi.

68. Safle Caefadog, Gaeaf 1964.

65. A view of the valley above Hafod Fadog around the spring of 1962 before the clearing work began.

66. The same view at the beginning of 1964. Hafod Fadog is in ruins with every tree and hedge on the valley floor cleared away.

67. The demolition of Caefadog, around October 1964. The floodgates have been closed and the lake is gradually filling.

68. The site of Caefadog, winter 1964.

## Capel Celyn

**70**

Mr W. E. Jones, the Director of Education brought the information that the school will close at the end of term.

The information was not surprising, as the valley is now derelict. The families have left the lower end of the valley, and there are only three families in the village. It is known that the Liverpool Corporation is keen to finish clearing the valley of people, as it is necessary to excavate gravel around the village.

69. Dyma fy mhrofiad cyntaf i o fudo mewn ysgol, a 'does arnaf ddim eisiau'r profiad eto. Mae'n beth trist ac yn ganmil tristach yma gan y tynnir yr adeilad i'r llawr wedi i ni ymadael.

*Martha Jane Roberts, yr athrawes olaf*

70. Llyfr Log yr ysgol am Fai 2, 1963, yn nodi'r penderfyniad i gau'r ysgol ar ddiwedd y tymor.

69. This was my first experience of moving the contents of a school, and I don't want to experience it again. It's sad and so much sadder here as the building will be demolished when we have left.

*Martha Jane Roberts, the last teacher*

70. The school's logbook for 2 May 1963, recording the decision to close the school at the end of term.

71.

## 'CACEN TRYWERYN'

Daeth ton o ddistawrydd dros y gynulleidfa, pan hysbysodd y llywydd fod cacen wedi ei derbyn, i'w rhannu i'r plant, gan aelodau ieuanc Plaid Cymru ym Mhwllheli, ac wedi ei weithio arni 'I blant Tryweryn.' Ar y cerdyn i'w chanlyn roedd y geiriau: 'Ar ran John, Owain ac Emyr i Blant Tryweryn.' (enwau'r tri a barodd ddifrod yn Nhryweryn.

72. *Y Cyfnod*, Awst 2, 1963.

72. *Y Cyfnod*, 2 August, 1963.

## 'TRYWERYN CAKE'

*A wave of silence fell over the audience, when the president informed them that a cake had been received, to be shared between the children, from the young members of Plaid Cymru at Pwllheli, and written on it the words 'To the children of Tryweryn'. On the card sent with it were the words: 'On behalf of John, Owain and Emyr for the children of Tryweryn.' (the names of the three who caused damage at Tryweryn.)*

71. Y cyfarfod olaf yn yr Ysgol, Gorffennaf 25, 1963.

[Chwith i'r dde]:

Rhes ôl: Hefina Jones (Cogyddes); Dafydd Roberts (Rheolwr); C. M. Jones, Y Bala; M. J. Roberts (Athrawes); John Evans (Rheolwr); J. Anthony Jones (Rheolwr); John Abel Jones (Rheolwr).

Trydedd res: Glenys Evans (Gofalydd) ac Ann; Eira Rowlands; Bethan J. Parry; Delyth Jones; John Ellis Jones; Geraint Jones; Elwyn Rowlands; Aeron Prysor Jones; Ann E. Jones.

Ail res: Watkin Jones (Rheolwr); Megan Rowlands; Morfudd Jones; Eurgain Prysor Jones; Geraint Jones; Arfon Jones, Tryweryn Evans; Jane Jones; Rhian Jones.

Rhes flaen: Lowri Mair Jones; Elfyn Jones; Ruth Jones; John Francis Evans; Deiniol Prysor Jones; Rhodri W. Jones; Dilys M. Jones; Griffith Hughes (un o ddisgyblion cyntaf yr ysgol).

71. The last meeting in the School, 25 July, 1963.

[Left to right]:

Back row: Hefina Jones (Cook); Dafydd Roberts (Governor); C. M. Jones, Bala; M. J. Roberts (Teacher); John Evans (Governor); J. Anthony Jones (Governor); John Abel Jones (Governor).

Third row: Glenys Evans (Caretaker) and Ann; Eira Rowlands; Bethan J. Parry; Delyth Jones; John Ellis Jones; Geraint Jones; Elwyn Rowlands; Aeron Prysor Jones; Ann E. Jones.

Second row: Watkin Jones (Governor); Megan Rowlands; Morfudd Jones; Eurgain Prysor Jones; Geraint Jones; Arfon Jones; Tryweryn Evans; Jane Jones; Rhian Jones.

Front row: Lowri Mair Jones; Elfyn Jones; Ruth Jones; John Francis Evans; Deiniol Prysor Jones; Rhodri W. Jones; Dilys M. Jones; Griffith Hughes (one of the school's first pupils).

*Adeg boddi'r cwm roedd y plant yn ofnus dros ben gan gredu y byddai'r dŵr yn dod yn sydyn ac yn boddi pawb.*

*At the time of the drowning the children were very fretful believing that the water would come quickly and drown everyone.*

73. Y disgyblion olaf yn yr ysgol gyda'u hathrawes Mrs Martha Jane Roberts.

Rhes ôl: Elwyn Rowlands, Gelli; Ann E. Jones, Tŷ Nant; Eurgain Prysor Jones, Tynybont; Geraint Jones, Tŷ Nant; Arfon Jones, Tŷ Nant; Aeron Prysor Jones, Tynybont.

Rhes flaen: Lowri Mair Jones, Rhydyfen; Jane W. Jones, Craignant; Rhodri Jones, Craignant; Dilys Jones, Rhydyfen; Rhian Jones, Tŷ Nant; Tryweryn Evans, Glan Celyn; Deiniol Prysor Jones, Tynybont; John Evans, Glan Celyn.

74. Yr ysgol yn adfail.

*Mae pawb wedi chwalu ar ôl i'r llyn ddod, mae Elwyn wedi symud i lawr i Fron-goch ac mae Geraint yn rhy bell i fynd i chwarae ar fin nos ac felly mi rydwi'n gorfod chwarae ar fy mhen fy hun.*

Aeron Prysor Jones,<br>un o'r disgyblion olaf yn yr ysgol

73. The school's last pupils with their teacher Mrs Martha Jane Roberts.

Back row: Elwyn Rowlands, Gelli; Ann E. Jones, Tŷ Nant; Eurgain Prysor Jones, Tynybont; Geraint Jones, Tŷ Nant; Arfon Jones, Tŷ Nant; Aeron Prysor Jones, Tynybont.

Front row: Lowri Mair Jones, Rhydyfen; Jane W. Jones, Craignant; Rhodri Jones, Craignant; Dilys Jones, Rhydyfen; Rhian Jones, Tŷ Nant; Tryweryn Evans, Glan Celyn; Deiniol Prysor Jones, Tynybont; John Evans, Glan Celyn.

74. The school in ruins.

*Everyone has dispersed since the lake came, Elwyn has moved down to Fron-goch and Geraint is too far to go to play with him in the evening and therefore I have to play by myself.*

Aeron Prysor Jones<br>one of the school's last pupils

## Ysgol Celyn

*Waliau'r ysgol ar wasgar – a lawntiau*
*Heb sŵn plant chwerthingar;*
*Roedd yno ryw hedd anwar,*
*Trigai ofn yn y tir gwâr.*

Elwyn Edwards

## Capel Celyn School

*No sound; walls torn asunder, and the yard*
*Without children's laughter,*
*But deep below the water*
*A tempestuous stillness stirs.*

Elwyn Edwards

Capel Celyn

— Capel Celyn —

76

75. Diwrnod y gwasanaeth olaf yn y Capel, dydd Sadwrn, Medi 28, 1963. Yn y cefndir gwelir y pyllau graean.

76. Oddi mewn i'r Capel.

77. Taflen y Gwasanaeth Datgorffori.

75. The day of the last service at the Chapel, Saturday 28 September, 1963. In the background the gravel pits can be seen.

76. Inside the Chapel.

77. Dissolution Service Leaflet.

HENADURIAETH DWYRAIN MEIRIONNYDD

# Eglwys Celyn

## Gwasanaeth Datgorffori

MEDI 28, 1963 am 2-30 o'r gloch

Llywydd
Syr DAVID HUGHES PARRY,
Llanuwchllyn
(Llywydd Cymdeithasfa'r Gogledd)

---

CRYNODEB O HANES YR EGLWYS
gan
DAVID ROBERTS

---

EAST MERIONETH PRESBYTERY

# Celyn Church

## Dissolution Service

28 September, 1963 at 2.30 o'clock

President
Sir David Hughes Parry
**Llanuwchllyn**
(President of the North Wales Association)

---

SUMMARY OF THE CHURCH'S HISTORY

**By**

DAVID ROBERTS

Capel Celyn

*Fy ngorchwyl anhyfryd yw cyhoeddi mai dyma'r gwasanaeth olaf a gynhelir yn yr adeilad hwn, a fu am dros ganrif a hanner yn gysegr i'r Duw Goruchaf. Cyhoeddaf fod yr Eglwys yng Nghapel Celyn ar y funud bruddaidd hon yn cael ei datgorffori.*

Syr David Hughes Parry, Llywydd Cymdeithasfa'r Gogledd

78. Rhan o'r gynulleidfa yn y gwasanaeth olaf.

79. Y weithred olaf yn y Gwasanaeth Datgorffori oedd i'r llywydd, Syr David Hughes Parry, fynd â'r Beibl allan o'r Capel.

Syr David Hughes Parry, Llywydd Cymdeithasfa'r Gogledd; y Parch. Evan Lynch, Carrog; y Parch. G. R. Jones, Llandderfel.

Cymerwyd rhan hefyd gan y Parch. Seth Pritchard, Gwyddelwern; y Parch. H. W. Hughes, Dinbych, a'r Parch. William Williams, Llandrillo.

*My unpleasant duty is to announce that this is the last service to be held in this building, which has been a sanctuary for Almighty God for over a century. I announce that the Church at Capel Celyn at this sad moment is being dissolved.*

Sir David Hughes Parry, President of the North Wales Association

78. Part of the congregation in the last service.

79. The last act of the Dissolution Service was for the president, Sir David Hughes Parry, to take the Bible out of the Chapel.

Sir David Hughes Parry, President of the North Wales Association; Reverend Evan Lynch, Carrog; Reverend G.R. Jones, Llandderfel.

The Reverend Seth Pritchard, Gwyddelwern, Reverend H. W. Hughes, Denbigh and Reverend William Williams, Llandrillo also took part.

80. Rhai o drigolion a chyn-drigolion yr ardal y tu allan i'r capel ar y diwrnod olaf.

[Chwith i'r dde]: Jennie Evans, Ciltalgarth; Eurwen Edwards; Edith Edwards; Jennie Rowlands; Margaret Ann Jones, Coedle, Arenig; Ellen Roberts, Caefadog; Enid Lewis Jones, Coedle; Dafydd Roberts, Caefadog; Ieuan Jones, Coedle; Henry Owen, Y Filltir Gerrig; Gwilym Thomas; John Lewis Jones, Coedle, Arenig; Cadwaladr Edwards, Penbryn Mawr; Alun Edwards, Penbryn Mawr; Elsie Jones, Coedle.

80. Some of the area's inhabitants and former inhabitants outside the chapel on the last day.

[Left to right]: Jennie Evans, Ciltalgarth; Eurwen Edwards; Edith Edwards; Jennie Rowlands; Margaret Ann Jones, Coedle, Arenig; Ellen Roberts, Caefadog; Enid Lewis Jones, Coedle; Dafydd Roberts, Caefadog; Ieuan Jones, Coedle; Henry Owen, Y Filltir Gerrig; Gwilym Thomas; John Lewis Jones, Coedle, Arenig; Cadwaladr Edwards, Penbryn Mawr; Alun Edwards, Penbryn Mawr; Elsie Jones, Coedle.

81. Yr Ysgol Sul.

[Chwith i'r dde]: Aeron Prysor Jones; John Francis Evans; Elwyn Rowlands; Megan Rowlands; Ann Francis Evans; Tryweryn Evans; Eurgain Prysor Jones; Deiniol Prysor Jones; Watcyn o Feirion.

81. The Sunday School.

[Left to right]: Aeron Prysor Jones; John Francis Evans; Elwyn Rowlands; Megan Rowlands; Ann Francis Evans; Tryweryn Evans; Eurgain Prysor Jones; Deiniol Prysor Jones; Watcyn o Feirion.

## Ffarwél i Gapel Celyn

*Ffarwél i deml y Celyn, – Och! alaeth,
Mae'r chwalwr yn ddychryn;
Meirw a byw, hawl Duw a dyn
Bwygilydd dan raib gelyn.*

Ifan Rowlands

## A Farewell to Capel Celyn

*The chapel was desecrated; our ways drowned,
Destroyed by the vandal;
God and man, the dead and the living,
Now under the water's weight.*

Ifan Rowlands

82. a/b/c. Demolition of the chapel, June 1964. Many of the stones were used to build the Memorial Chapel

82. a/b/c. Chwalu'r Capel, Mehefin 1964. Defnyddiwyd llawer o'r cerrig i adeiladu'r Capel Coffa.

83. Y fynwent. Rhoddwyd dewis i'r teuluoedd a oedd â pherthnasau wedi eu claddu yno i adael y cyrff lle'r oeddynt neu eu datgladdu a'u claddu mewn mynwent arall. Fe ddatgladdwyd wyth corff i gyd gyda'r gweddill yn cael eu gadael. Symudwyd yr holl gerrig beddi a'u gosod yn yr Ardd Goffa.

84. Datgladdu'r cyrff, Gorffennaf 21, 1964.

85. Wedi cwblhau'r datgladdu symudwyd y cerrig beddi a gorchuddio'r fynwent â haen o raean cyn claddu'r cwbl dan goncrit.

86. Ailosod y cerrig beddi yn yr Ardd Goffa.

83. The cemetery. The families who had relatives buried there were given the option to leave the remains where they were or to disinter them and bury them in another cemetery. Eight bodies were disinterred in all, with the remainder left in the cemetery. All the tombstones were removed and erected in the Memorial Garden.

84. Disinterring the remains, 21 July 1964.

85. After removing the remains that were disinterred, the tombstones were removed and the cemetery was covered with a layer of gravel before burying it all under concrete.

86. Re-erecting the tombstones in the Memorial Garden.

## Cwm Celyn

*Cam, coeliwch, troi Cwm Celyn – yn ddolur*
*I ddeiliaid y dyffryn,*
*Ond mawl Salem a'i hemyn*
*Nis boddir yn lli'r un llyn.*

J. Eifl Hughes

## Cwm Celyn

*To drown Celyn was an outrage which grieved*
*The people of the valley,*
*But no lake will ever drown*
*The solace and the hymn of Salem.*

J. Eifl Hughes

87. Safle pentref Capel Celyn, Hydref 12, 1964.

87. The site of Capel Celyn village, 12 October, 1964.

## Difrodi

Pan roddwyd sêl y Frenhines i'r Mesur ar Awst 1, 1957, teimlai llawer fod y frwydr i achub Tryweryn wedi ei cholli ac y dylid yn awr ymdrechu i gael gwell cyfleusterau i'r ardal yn sgîl yr adeiladu. Eto roedd yna bobl a gredai mewn parhau i ymladd trwy ddefnyddio dulliau llai cyfansoddiadol.

Ar Fedi 22, 1962, arestiwyd dau ŵr o Sir Fynwy, David Pritchard a David Walters, am ddifrodi transffformer trydan drwy ollwng yr olew o'r pwmp. Am y weithred hon fe'u dirwywyd £50 yr un gan Ynadon Y Bala. Yn dilyn hyn ar Ragfyr 19 ymosodwyd unwaith eto ar y safle gan achosi difrod i weithdy. Ni chyhuddwyd neb o'r weithred hon.

Er y cynnydd yn lefel y wyliadwriaeth yn dilyn yr ymosodiadau hyn, yn gynnar ar fore Sul, Chwefror 10, 1963, clywyd sŵn ffrwydrad yn y cwm. Y bore wedyn canfuwyd fod y prif drosglwyddydd i'r safle wedi ei ddifrodi yn arw gan amharu ar y gwaith. Gwnaed ymholiadau dyfal gan yr heddlu ac arestiwyd tri gŵr, Emyr Llywelyn Jones, Owain Williams a John Albert Jones. Carcharwyd Emyr Llywelyn ac Owain Williams am y weithred tra rhoddwyd John Albert Jones ar brofianaeth am dair blynedd.

Yn ystod cyfnod yr adeiladu ac wedyn roedd yna fygythiad parhaus i greu difrod ar y safle, bygythiad a gymerwyd o ddifrif gan y Gorfforaeth a'r heddlu.

## Damage

When the Queen's Seal was given to the Bill on 1 August, 1957, many felt that the battle to save Tryweryn was lost and that efforts should now be directed towards gaining better facilities for the area in the wake of the construction. Yet some people believed in continuing the fight using less conventional methods.

On 22 September 1962, two men from Monmouthshire were arrested, David Pritchard and David Walters, for destroying an electricity transformer by releasing oil from the pump. The Justices at Bala fined them £50 each. Following this on 19 December, the site was attacked again, damaging a workshop. No one was accused for this action.

Although the level of security was raised following the attacks, early on Sunday, 10 February, 1963, the sound of an explosion was heard in the valley. The next morning it was discovered that the main transformer for the site had been seriously damaged, and would therefore impair the work. The police investigated this diligently and three men were arrested, Emyr Llywelyn Jones, Owain Williams and John Albert Jones. Emyr Llywelyn and Owain Williams were imprisoned for their actions whilst John Albert Jones was placed on probation for three years.

During the construction period and afterwards there were constant threats to damage the site, threats that were taken seriously by the Corporation and the police.

> 14/12/56.
>
> To Liverpool Corporation.
> Keep out of North Wales.
> We of the South will driver
> any one. who trys to take
> our peoples Homes away from
> them, we mean what we
> write,
> We will Sabotage any
> work. you do there.
> Keep out of our country
> This is a warning.
> We Remain
> Your Truly
> The Welsh Nation
> O.R. W R.A.
>
> P/S The Tryweryn Villey
> Belong to Wales
> Not The English Government

88. Un o'r llythyrau cyntaf a dderbyniodd Corfforaeth Lerpwl yn bygwth trais os bwriadai fynd ymlaen gyda'r cynllun i foddi Tryweryn.

88. One of the first letters received by Liverpool Corporation threatening violence if it intended to carry out the scheme to drown Tryweryn.

**89**

```
LIVERPOOL CORPORATION    -    TRYWERYN SCHEME.

REPORT ON DAMAGE TO 33/11KV SUB-STATION.

     On the evening of Saturday 22nd September, one of the Contractor's
night watchmen noticed two men behaving suspiciously and reported the
matter to the Bala police, who immediately sent to site Constables
Williams and Jones. The two men were apprehended by the police, and
were found to be in possession of some brand-new tools which they said
they had stolen; they were thereupon taken into custody, and identified
as David Glyn Pritchard, a planning engineer, and David Barnard
Walters, a miner, both of South Wales.

     Police enquiries on Sunday morning showed to be untrue the men's
story that they had stolen the tools from Messrs Simon-Carves.
Shortly after midday on Sunday ( doubtless assuming by then the damage
would be done ) they admitted to the police that their purpose on the
site had been to destroy the sub-station, and that to this end they
had drained the 33/11KV transformer of oil.

     The police immediately informed MANWEB, who took out of service
the grid line feeding the sub-station, gathered together from over
a very wide area the 1350 gallons of oil needed to refill the transformer,
and had completed the operation and brought the substation back into
service by shortly after midnight on Monday morning. The satisfactory
performance during Monday of the transformer suggests that because
of its small load during Sunday morning no damage was done to the
windings by the absence of the oil; I understand that MANWEB are
consulting the manufacturers, Messrs Ferranti, about the possible need
for check testing of the transformer. The cost of the refilling
operation is assessed by MANWEB at £480.

     The prisoners appeared before Bala Magistrate's court on Monday
afternoon to answer the charge, brought under Section 22 of the Electric
Lighting Act 1882, that they "unlawfully and maliciously did injure
a certain electric work for supplying electricity, with intent to
cut off the said supply of electricity". The proceedings consisted
solely of evidence of arrest, and the prisoners were remanded in custody
until 3rd October, an application for bail by the defence counsel,
one Elystan Morgan ( who is incidentally the prospective Plaid
candidate for Merioneths ) being disallowed by the magistrates,
Mr. O. Llewelyn Jones, Alderman C.M. Jones and Mrs T.R. Jones.

     The only effect of the incident on site work was to prevent
Messrs Simon-Carves work for the first half of their Sunday night
shift; embanking operations were not affected, as they are lit by
mobile generating sets. A possible consequence of the incident may
be a claim from or through the Dee and Clwyd River Board for damage
to the fisheries by the oil.

     In order to guard against further malicious damage, particularly
vulnerable areas of the site are being patrolled at night, our records
are so far as possible not being stored in one place, and the provision
of fixed floodlights and guard dogs is being considered.

                                                        25.9.62
```

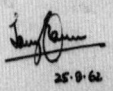

**90**

# TRYWERYN

*Plaid Cymru wants to make it clear—and we are sure that Dave Pritchard and Dave Walters would like to make it clear as well—that they were not acting for Plaid Cymru when they took 'direct action' in Tryweryn. In fact, they were acting in opposition to party policy.*

## BUT WHO ARE THE GUILTY MEN?

Although we do not agree with the action they have taken, we cannot condemn them. They have merely tried to implement the wishes of the people of Wales, who were united in their opposition to Liverpool's scheme to drown Tryweryn.

The guilty men are those people in Liverpool and in Parliament who forced this scheme through. Just look at the record:

1. No one in the valley or in Wales was consulted. The first we knew of the scheme was when we read about it in the papers.
2. Prior to this, Liverpool had got the Welsh Authorities to help foot the bill of deepening the Dee—ostensibly to stop flooding, actually to provide a cheap pipe-line from Tryweryn to Liverpool.
3. The people of the valley and of Wales as a whole opposed the scheme because a city of one nation has no right to commandeer part of the land of another, nor to turn people out of their homes and commandeer valuable water resources, which we need to attract industry and stop depopulation. And don't forget that Liverpool won't pay a penny piece for the water.
4. *The scheme was forced through Liverpool Council by delaying the start of a meeting while 'yes-men' were wheeled in, and it was forced through a public meeting in Liverpool by similar tactics and only when Council employees were marched into the meeting and told how to vote by the Councillors.*
5. It was steamrollered through Parliament against the united opposition of Welsh M.P.s (half-hearted opposition, it's true), and with the help of the Minister of Welsh Affairs, who had previously promised to help the people of Tryweryn.

The democratically and constitutionally expressed opposition of Wales was ignored: a valley raped, people turned out of their homes, resources stolen.

## IT IS LIVERPOOL AND THE GOVERNMENT THAT SHOULD BE ON TRIAL

THE FUTURE ➤

89. Adroddiad am y difrod a wnaed gan David Glyn Pritchard a David Walters, Medi 22, 1962.

90. Ymateb Plaid Cymru i weithred David Pritchard a David Walters.

89. Report on the damage inflicted by David Glyn Pritchard and David Walters, 22 September, 1962.

90. Plaid Cymru's response to David Pritchard and David Walters' actions.

**THIS WITNESS WILLIAM JONES** upon his Oath says:—

I am Constable 82 of the Gwynedd Constabulary stationed at Frongoch. At 7.50 a.m. on Sunday 10th February 1963 I was called out by the witness Dr. Crann and I accompanied him to the transformer compound at the Tryweryn Site. I there met Inspector R.E. Jones. On arrival I looked at the base of the transformer itself. I saw that the bottom of the transformer had been damaged with oil leaking on to the snow-covered compound. Inside the compound I saw a set of footprints leading from the railings directly towards the transformer and returning the same way. I noticed that the footprints had been made by a person wearing pointed shoes or boots. I then accompanied Inspector R.E. Jones on a search of the area surrounding the Compound and on a search of other areas in the vicinity. During that search I saw a number of footprints. One had a distinctive pattern of a climbing boot type. The other was of a pointed shoe or boot; the other print was not very distinct. Later that day I indicated various footprints to Det. Const. Gareth Jones, the photographer. During the search a number of articles were found by Inspector R.E. Jones. On Monday 11th February 1963 I was present when the damaged transformer was removed. The work started at about 11 a.m. and it took several hours. During the course of the removal, Mr. Kenneth Griffiths, the District Engineer of the Merseyside and North Wales Electricity Board was with me. In my presence he discovered the coil, several pieces of clock mechanism from underneath the transformer. I took possession of these various articles which I now produce as Exhibit 14. I later handed these to the witness Det. Sgt. Glanmor Hughes.

Exhibit 14.

Signed: Wm. Jones, P.C.82.
Signed: O. Llewelyn Jones.
An Examining Justice.

91. Tystiolaeth y Cwnstabl William Jones, Fron-goch, ynglŷn â'r difrod a wnaed pan osodwyd bom ger y prif drosglwyddydd yng Nghelyn, Chwefror 10, 1963.

92. Y Cwnstabl William Jones gyda rhai o'r gweithwyr ger y trosglwyddydd a ddifrodwyd.

91. Constable William Jones' evidence, regarding the damage done when a bomb was placed near the main transformer at Celyn, 10 February, 1963.

92. Constable William Jones with some of the workers near the damaged transformer.

93. Rhan o dystiolaeth y Ditectif Glanmor Hughes pan arestiwyd Emyr Llywelyn Jones, myfyriwr 22 oed o Goleg y Brifysgol, Aberystwyth, Chwefror 18, 1963.

94. Emyr Llywelyn Jones.

93. Part of Detective Glanmor Hughes' evidence when Emyr Llywelyn Jones, a 22 year old student from University College of Wales, Aberystwyth, was arrested, 18 February, 1963.

94. Emyr Llywelyn Jones.

95a

95. a/b. Cefnogwyr o flaen Llys Ynadon Y Bala adeg achos traddodi Emyr Llywelyn, Mawrth 14, 1963. Ymysg y dorf roedd dau lond bws o fyfyrwyr o Aberystwyth. Yn anffodus i'r myfyrwyr 'doedd awdurdodau'r coleg ddim mor hael eu cefnogaeth. Dirwywyd y myfyrwyr o hanner can ceiniog yr un am golli darlithoedd, tra anfonwyd Gwilym Tudur, trefnydd y bwsiau, o'r Coleg tan ddiwedd y tymor. Yn yr achos gorchmynnwyd fod Emyr Llywelyn i sefyll ei brawf ym Mrawdlys Caerfyrddin.

95. a/b. Supporters in front of Bala Magistrates Court during Emyr Llywelyn's committal hearing, 14 March, 1963. Two busloads of Aberystwyth students were amongst the crowd. Unfortunately for the students the college authorities were not as supportive. The students were penalised fifty pence each for missing lectures, whilst Gwilym Tudur, the organiser, was excluded from the college until the end of term. During the case Emyr Llywelyn was ordered to stand trial at Carmarthen Assizes.

Capel Celyn

95b

102

# Tryweryn: Student keeps secret as he goes to gaol

**Western Mail Reporter**

AN Aberystwyth student, Emyr Llewellyn Jones, was taken to Swansea Prison last night to begin a year's sentence imposed on him yesterday at Carmarthenshire Assizes for his part in an explosion at Tryweryn Reservoir, Merioneth, on February 10.

But Jones, aged 22, son of a chaired bard, took with him the secret he has kept through weeks of court procedure — the names of his two companions at Tryweryn who may even have been present in court to hear Mr. Justice Barry pass "reluctant" sentence.

"This is the most pathetic case I have ever had to deal with," said the judge

Not since the sensational double-murder trial of Ronald Harries in 1953 have such huge crowds been seen in Guildhall Square, Carmarthen.

Squads of extra police, drafted from Llanelly, Ammanford and Aberystwyth, stood by, but there was no trouble. The centuries-old Guildhall was ringed with crush barriers. Barricades stood in Guildhall Square, Hall Street, and Nott's Square.

Because of the limited public accommodation only people possessing passes were allowed into the Crown courtroom where Jones appeared.

### Tryweryn dam charge
# MAN EJECTED AFTER UPROAR IN COURT

A grammar school teacher was escorted from Blaenau Ffestiniog court last night, shouting "Cymru am byth" (Wales for Ever) after police rushed to silence a demonstration which broke out in the public gallery when Emyr Llewelyn Jones, escorted by two prison warders made a fifteen second appearance for the purpose of identification.

Emyr Jones is serving a twelve-month sentence for his part in blowing up the main transformer at the Liverpool Corporation dam site at Tryweryn on February 10.

Before the court yesterday were two men alleged to be his accomplices, in the Tryweryn incident. They were Owen Williams, a twenty-nine-year-old cafe owner, of Meifod, Cardiff Road, Pwllheli, and John Albert Jones, aged 19, an unemployed ex-R.A.F. policeman, of Ty'n-y-Berllan, Penrhyndeudraeth.

They are charged that jointly with Emyr Jones, they maliciously caused an explosion of a nature likely to cause serious injury to property, at the Tryweryn dam site.

They are further charged that two days after Emyr Jones was sentenced, at Carmarthen assizes, they maliciously caused an explosion at the base of a 66,000-volt power pylon at Gellilydan, near Maentwrog, the explosion being of a nature likely to endanger life or cause injury to property.

---

96. Drwy gydol yr achos ym Mrawdlys Caerfyrddin gwrthododd Emyr Llywelyn enwi'r rhai a oedd gydag ef yn Nhryweryn. Ar Fawrth 29, 1963, dedfrydwyd ef i garchar am flwyddyn. Y diwrnod wedyn mewn ymateb i'r ddedfryd ceisiodd Owain Williams a John Albert Jones chwythu peilon trydan yn Y Gellilydan a thorri'r cyflenwad i Atomfa Trawsfynydd.

97. Emyr Llywelyn ar ei ffordd i'r carchar, Mawrth 29, 1963.

98. John Albert Jones ac Owain Williams, a arestiwyd yn fuan ar ôl carchariad Emyr Llywelyn, yn cyrraedd llys Blaenau Ffestiniog o garchar Amwythig ar ddiwrnod cyntaf yr achos traddodi, Ebrill 25, 1963.

99. *Daily Post*, Mai 8, 1963. Achoswyd cynnwrf yn y llys ym Mlaenau Ffestiniog gydag ymddangosiad Emyr Llywelyn. Ar Fai 7 penderfynwyd fod Owain Williams a John Albert Jones i sefyll eu prawf ym Mrawdlys Meirionnydd yn Nolgellau, a fyddai'n cael ei gynnal ar Fehefin 20, 1963.

96. Throughout the trial at Carmarthen Assizes Emyr Llywelyn refused to name those who accompanied him to Tryweryn. On 29 March, 1963, he was sentenced to prison for a year. The following day in response to the sentence, Owain Williams and John Albert Jones tried to blow up a pylon near Gellilydan and cut the power supply to the Trawsfynydd power station.

97. Emyr Llywelyn on his way to prison, 29 March, 1963.

98. John Albert Jones and Owain Williams, who were arrested soon after Emyr Llywelyn's imprisonment, arriving at the court at Blaenau Ffestiniog from Shrewsbury jail on the first day of their committal hearing, 25 April, 1963.

99. *Daily Post,* 8 May, 1963. Uproar was caused in the court at Blaenau Ffestiniog with the appearance of Emyr Llywelyn. On 7 May it was decided that Owain Williams and John Albert Jones should stand trial at the Merioneth Assizes at Dolgellau, to be held on 20 June, 1963.

100.  John Albert Jones. Cafwyd ef yn euog ym Mrawdlys Meirionnydd a'i roi ar brofianaeth am dair blynedd.

101.  Owain Williams. Trosglwyddwyd ei achos o Ddolgellau i Frawdlys Rhuthun. Ar Orffennaf 1, 1963, cafwyd ef yn euog a'i anfon i garchar am flwyddyn.

100.  John Albert Jones. He was found guilty at the Merioneth Assizes and placed on probation for three years.

101.  Owain Williams. His case was transferred from Dolgellau to the Ruthin Assizes. On 1 July, 1963, he was found guilty and sentenced to a year's imprisonment.

*I mi, fe gostiodd Tryweryn yn ddrud – fe lifodd y dagrau ac fe holltwyd calonnau ... bûm ar erchwyn dibyn gorffwylledd aml i dro. Rhy hawdd i mi, wrth edrych yn ôl, yw dweud: "Do fe fûm i'n blydi ffŵl ... mae'n wir ddrwg gen i" ... ond fe fyddwn i'n anonest â mi fy hun pe bawn i'n dweud hynny. Roedd mynd i Dryweryn yn rheidrwydd. Rhywbeth yn nwfn y galon a'n hanfonodd yno. Y rhywbeth hwnnw sy'n dweud wrthym am godi ar ein traed a sefyll fel dynion yn lle byw ar ein gliniau.*

Owain Williams, Cysgod Tryweryn

*Tryweryn cost me a great deal – tears flowed and hearts were ripped apart ... I was on the edge of the precipice of madness many times. It's too easy for me to say, in looking back: "Yes I was a bloody fool ... I'm so sorry" ... but I would not be honest with myself if I did say that. Going to Tryweryn was a necessity. A feeling deep in the heart sent us there. The feeling that tells us to get up on our feet and stand as men instead of living on our knees.*

Owain Williams, Cysgod Tryweryn

## Gwaith Adeiladu

Yn ôl Mesur 1957 rhoddwyd yr hawl i Lerpwl adeiladu argae ar afon Tryweryn. Byddai'r dŵr a gronnwyd gan yr argae yn llifo i lawr afon Dyfrdwy i'w dynnu allan yn Huntington ryw ddwy filltir i fyny o Gaer a 70 milltir o Dryweryn. Roedd gan Lerpwl yr hawl i dynnu 65 miliwn o alwyni y diwrnod.

    Gwnaed yr arolwg gwreiddiol o'r gwaith cynllunio gan Binney a'u Partneriaid tra rhoddwyd y prif waith adeiladu yn nwylo Tarmac. Rhan gyntaf y cynllun oedd adeiladu ffordd newydd ar ochr ddwyreiniol a gogleddol y llyn. Cychwynnwyd ar y gwaith yn Nhachwedd 1959 er mwyn i'r hen ffordd gael ei chau yn weddol fuan i hwyluso'r gwaith o adeiladu'r argae. Ymhen llai na dwy flynedd agorwyd y ffordd newydd i draffig. Adeiladwyd yr argae o bridd gyda'i chanol o glai wedi ei orchuddio â graean. Roedd y ddau ddeunydd yma i'w canfod wrth law, y graean ym mhen uchaf y cwm a'r clai ychydig yn is na safle'r argae. Ar yr ochr sy'n wynebu'r llyn rhoddwyd cerrig a gafwyd o chwarel gyfagos Arenig. Parhaodd y gwaith adeiladu o Awst 1960 hyd Awst 1965 gan greu llyn ryw ddwy filltir a hanner o hyd a milltir ar draws gyda dyfnder o 140 troedfedd yn ei fan dyfnaf a'r gallu i gronni 16,400 miliwn o alwyni o ddŵr.

## Construction Work

According to the 1957 Bill Liverpool Corporation was given permission to build a dam on Tryweryn river. Water from the reservoir would flow down the Dee to be extracted at Huntington, about two miles from Chester and 70 miles from Tryweryn. Liverpool had the right to extract 65 million gallons of water a day.

    Binney and Partners carried out the initial survey of the planning work, whilst the main building work was given to Tarmac. The first part of the scheme was to build a new road on the eastern and northern sides of the lake. This work was started in November 1959 so that the old road could be closed as soon as possible to facilitate the building of the dam. Within less than two years the new road was opened for traffic. The dam was built of soil with a clay centre covered with gravel. Both these materials were found nearby, the gravel at the upper end of the valley and the clay a little below the site of the dam. Rocks from the Arenig quarry nearby were placed on the side that faces the reservoir. The building work continued from August 1960 to August 1965 creating a reservoir roughly two and a half miles long and a mile across with a depth of 140 feet at its deepest point and the capacity to hold 16,400 million gallons of water.

*We are all established with our families at Fron-goch, a barely noticeable hamlet between the site and the big city of Bala, and our advent here has virtually doubled Fron-goch's population ... The widespread use of the Welsh language is some limitation on social activities, but evening classes in handicrafts have been attended by our wives and/or ourselves.*

Rhan o lythyr gan beiriannydd gyda
Binnie a Deacon, Mawrth 20, 1962

Part of a letter from an engineer with
Binnie and Deacon, 20 March, 1962

102. Gwersyll carafanau'r gweithwyr adeiladu yn Fron-goch. Yn ei anterth roedd y cynllun yn gyflogwr mawr gyda chyflogau da yn cael eu talu. Daeth gweithwyr o bob rhan o'r wlad a thramor i weithio yng Nghelyn. I gadw cyfraith a threfn yn yr ardal lleolwyd plismon yn Fron-goch. Erbyn Hydref 1965, pan dynnwyd y llun hwn, roedd llawer wedi symud i safleoedd adeiladu eraill.

102. The building workers' caravan site at Fron-goch. At the apex of its activity the scheme was a major employer with good wages paid. Workers from all over the country and overseas came to work at Celyn. To keep law and order in the area a policeman was located at Fron-goch. By October 1965, when this photograph was taken, many had moved to other building sites.

103. Adeiladu'r ffordd newydd ger Ciltalgarth, Mai 1960.

104. Uwchlaw'r Garnedd Lwyd, Mehefin 1960.

105. Llun awyr yn dangos y ffordd newydd wedi cyrraedd hyd at afon Celyn, Gorffennaf 1960.

106. Adeiladu'r bont dros afon Celyn ger Tŷ Nant, Ionawr 1961.

103. Building the new road near Ciltalgarth, May 1960.

104. Above Garnedd Lwyd, June 1960.

105. An aerial photograph showing the new road having reached the Celyn river, July 1960.

106. Building the bridge over the Celyn at Tŷ Nant, January 1961.

104

105

106

107. Trawstoriad o gynllun yr argae arfaethedig.

107. Cross-section of the proposed dam.

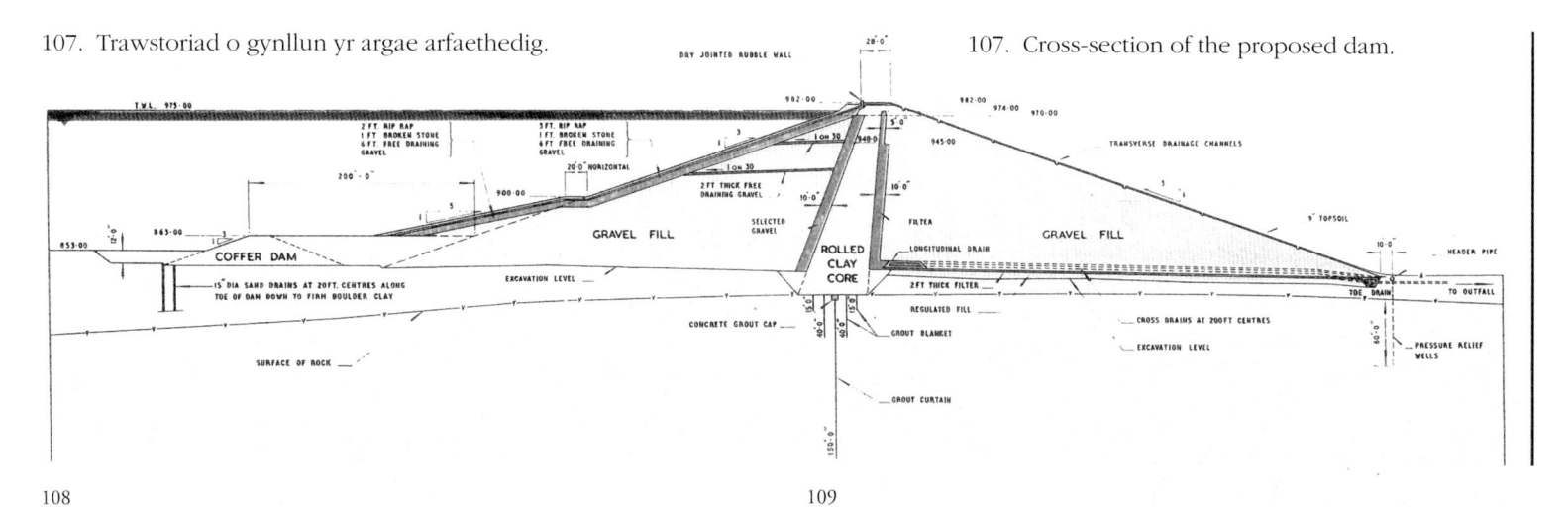

108

109

108. Safle'r argae gyda'r graig yn cael ei thrin yn barod i dderbyn y clai, Mai 14, 1962.

109. Dechrau gosod y clai, Mehefin 1962.

110. Nid nepell o'r pentref canfuwyd fod yna welyau eang o raean ar gael. Rhedai lorïau yn ddiddiwedd rhwng y pyllau graean a safle'r argae.

108. The dam site with the rock being treated before the clay was laid, 14 May 1962.

109. Beginning to lay the clay, June 1962.

110. Not far from the village extensive beds of gravel were found. Lorries travelled incessantly between the gravel pits and the dam site.

111. *Mae peiriannau trwm yn turio grafael ym mhen uchaf y cwm, a lorïau yn ei gario yn ddi-dor i'r mur argae ym mhen isaf y cwm. Aiff y lorïau heibio'r ysgol yn ddi-baid gan godi cymylau o lwch ar sych-hin, a môr o fwd ar dywydd gwlyb.*

Llyfr Log Ysgol Celyn, Gorffennaf 25, 1962

111. *Heavy vehicles are excavating gravel in the upper end of the valley, and lorries are carrying it incessantly to the dam wall at the lower end of the valley. The lorries pass the school continuously, raising clouds of dust in dry weather, and a sea of mud in wet weather.*

Capel Celyn School Log Book, 25 July, 1962

112

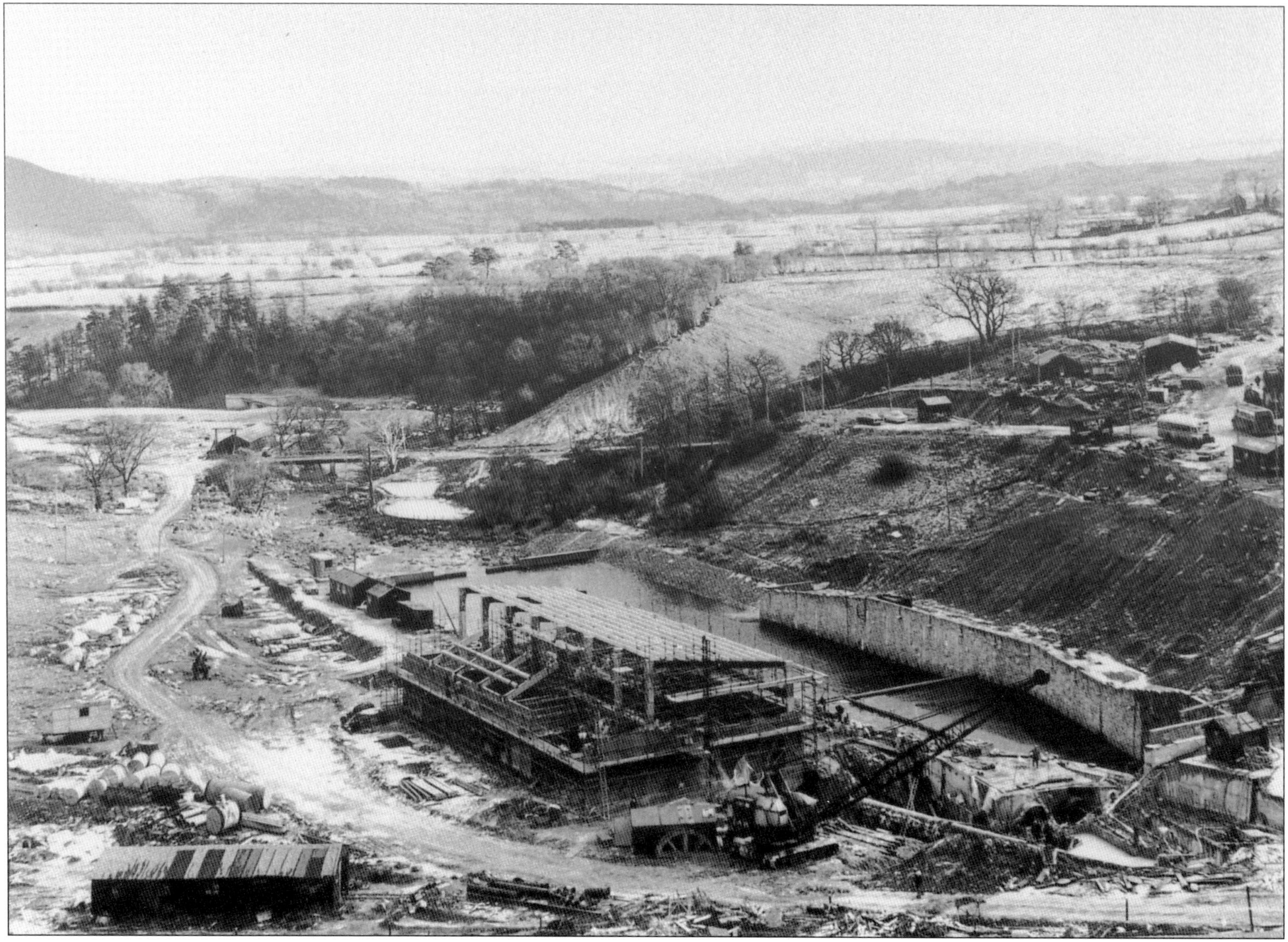

113

114

112. Ar ochr isaf yr argae adeiladwyd pwerdy i gynhyrchu trydan i'r grid cenedlaethol. Ar ochr dde'r llun gwelir ôl y pyllau clai uwchlaw'r cutiau, Ionawr 1965.

113. Oddi mewn i'r pwerdy mae'r gwaith o osod y pedwar turbin dŵr a fyddai'n cynhyrchu'r trydan yn mynd ymlaen, Ebrill 1965.

114. Y tŵr gyda'i bum llifddor ar hanner ei adeiladu, Medi 1964.

112. Below the dam a power station was built to generate electricity for the national grid. On the right side of the photograph the clay pits can be seen above the huts, January 1965.

113. Inside the power station the installation of the four water turbines to generate the electricity is underway, April 1965.

114. The tower with its five floodgates under construction, September 1964.

114

115. Llun awyr o ben uchaf y cwm. Mae'r dŵr yn dechrau cronni tra bo'r adeiladau yn y pentref un ai wedi cael eu dymchwel neu ar ganol cael eu dymchwel. Gwelir maint y pyllau graean sy'n gwneud i lawr y cwm edrych yn debycach i wyneb y lleuad na dim arall. Medi 12, 1964.

115. An aerial photograph of the upper end of the valley. The water level is rising whilst the buildings in the village have either been demolished or are in the process of being demolished. The size of the gravel pits can be seen, making the valley floor look like a moonscape. 12 September 1964.

116. Ar Fedi 1, 1964, dechreuwyd cronni'r dŵr ac erbyn haf 1965 roedd y llyn yn llawn i'w ymylon a'r gwaith wedi ei gwblhau.

116. On 1 September, 1964, the water was first dammed, and by the summer of 1965 the reservoir was full to its limits and the work complete.

## Yr Agoriad Swyddogol
Hydref 21, 1965

Wedi cwblhau'r gwaith, penderfynwyd cael agoriad swyddogol i'r llyn. Er i lawer amau doethineb hyn yn wyneb y drwgdeimlad a grewyd gan y boddi, bwrw ymlaen â'r trefniadau a wnaeth Lerpwl. Un syniad a gafwyd oedd gwahodd aelod o'r Teulu Brenhinol neu wleidydd blaenllaw i agor y llyn yn swyddogol, ond buan y distawodd y sôn yma, a phenderfynwyd mai doethach fyddai i Gadeirydd Pwyllgor Dŵr y Ddinas, yr Henadur Frank Cain, agor y llyn. Codwyd lefel gwyliadwriaeth ar y safle fel y nesâi diwrnod yr agoriad, ac er i lawer ddadlau fod Lerpwl yn rhoi halen ar y briw, ni fynnai'r Gorfforaeth dynnu'n ôl.

Anfonwyd gwahoddiad at bawb a oedd â chysylltiad teuluol â'r cwm. Yn ychwanegol gwahoddwyd cynrychiolwyr o'r Cyngor Sir, Cyngor Dosbarth Penllyn, Cyngor Tref Y Bala a'r cynghorau plwy. Gwrthododd y rhelyw o'r rhai a wahoddwyd fynychu'r seremoni gan ddadlau fod Lerpwl yn ailagor craith. Roedd ymateb y cynghorau yn wahanol gyda rhai yn mynd ac eraill megis Cyngor Dosbarth Penllyn yn gwrthod, er i aelodau o'r cyngor hwnnw fynd fel unigolion preifat. Un gwahoddiad nad atebwyd mohono oedd yr un a gafodd Cadeirydd y Pwyllgor Amddiffyn, Dafydd Roberts, Caefadog. Ddeng niwrnod cyn yr agoriad bu farw a chladdwyd ef ym mynwent Llanycil.

Trefnwyd protest yn erbyn yr agor ac erbyn hanner awr wedi deg ar Hydref 21, 1965, roedd dros ddau gant a hanner wedi ymgynnull gyda mwy i ddod dros y ddwy awr nesaf. Ceisiwyd stopio ceir y gwahoddedigion a chafodd yr heddlu gryn drafferth i gadw'r ffordd yn glir. Roedd y sŵn yn fyddarol, a chafodd y gwahoddedigion amser digon anghyfforddus. Ni ellid clywed dim drwy i wifrau y meicroffôn gael eu torri, a therfynwyd y seremoni ar ôl prin dri munud.

Er gwaethaf y brotest, teimlai rhai ei bod yn rhy hwyr o lawer – roedd y cwm wedi ei foddi.

### Agor Llyn Celyn
('a thywyllwch a fu')

*Y bustl a rhaib ei ystlys, – dŵr a gwaed*
*Dyr o'i gorff diwregys;*
*Llyn y grog, llieiniau'i grys,*
*Chweched awr, awr a erys.*

Geraint Bowen

## The Official Opening
21 October 1965

After completing the work, it was decided that an official opening for the reservoir should be arranged. Although many doubted the wisdom of this intention, considering the opposition created by the drowning, Liverpool proceeded with the arrangements. They considered inviting a member of the Royal Family or a prominent politician to carry out the ceremony, but all mention of this soon disappeared, and it was decided that it would be wiser for the Chairman of the City's Water Committee, Alderman Frank Cain, to undertake the opening. Security levels at the site were raised as the day approached, and although many argued that Liverpool were rubbing salt in the wound, the Corporation would not listen.

An invitation was sent out to everyone with any family links with the valley. In addition, representatives from the County Council, Penllyn District Council, Bala Town Council and the parish councils were invited. Most of those invited refused to attend the ceremony, arguing that Liverpool was reopening the scar. The response of the councils varied, with some attending and others such as the Penllyn District Council refusing, although some members did attend in a private capacity. One invitation that was never replied to was the one sent to the Chairman of the Defence Committee, Dafydd Roberts, Caefadog. He died ten days before the opening and was buried at Llanycil cemetery.

A protest against the opening was arranged and by 10.30am on 21 October, 1965, over two hundred and fifty protestors had gathered with more to come over the next two hours. Attempts were made to stop the guests' cars and the police experienced a great deal of difficulty in keeping the road clear. The noise was deafening, and the guests were made to feel extremely uncomfortable. Nothing could be heard as the microphone wires had been cut, and the ceremony was drawn to a close within three minutes.

Although the protest could be deemed a success, many felt that it was far too late – the valley had been drowned.

### Opening Celyn Lake
('and there was darkness')

*The gall and the side's open wound, water and blood*
  *Break from the bare body,*
  *The lake of the cross, his torn garments,*
  *The sixth hour, an hour that will last.*

Geraint Bowen

117. Elwyn Roberts, Gwynfor Evans a D. J. Williams ger yr argae ar ddiwrnod yr agoriad.

117. Elwyn Roberts, Gwynfor Evans and D. J. Williams by the dam on the opening day.

118. Yn y brotest ymddangosodd gwŷr mewn lifrai milwrol; y rhain oedd yr aelodau cyntaf o Fyddin Rhyddid Cymru (yr F.W.A.) i ymddangos yn gyhoeddus. Yn cario'r faner mae Cayo Evans, gyda Dafydd Williams ac Eirwyn Pontshan yn cydgerdded ag ef.

119. Y dorf wedi amgylchynu ceir y gwesteion tra bo'r cwnstabliaid William Jones, Fron-goch, a Ken Williams, Y Bala, yn cael cryn drafferth i'w hebrwng i ddiogelwch.

118. During the protest men appeared in a military uniform; these were the first members of the Free Wales Army (the FWA) to appear in public. Cayo Evans, carrying a flag, is accompanied by Dafydd Williams and Eirwyn Pontshan.

119. The crowd encircles the guests' cars whilst constables William Jones, Fron-goch, and Ken Williams, Bala, are in a great deal of difficulty escorting them to safety.

## Capel Celyn

120. A stone was thrown at the car of Liverpool's Mayor.

Taflwyd carreg at gar
LLEIDRFAER LERPWL
Meirion 1965

*Goruwch dyfnder Tryweryn,*
*'Trais' a waedd y troseddyn:*
*seilam Sais ei limousine.*

Derec Llwyd Morgan

121. Rhan o'r dorf a ddaeth i ddangos gwrthwynebiad i'r hyn a oedd wedi digwydd yng Nghapel Celyn.

121. Part of the crowd that came to show their opposition to the drowning of Capel Celyn.

122

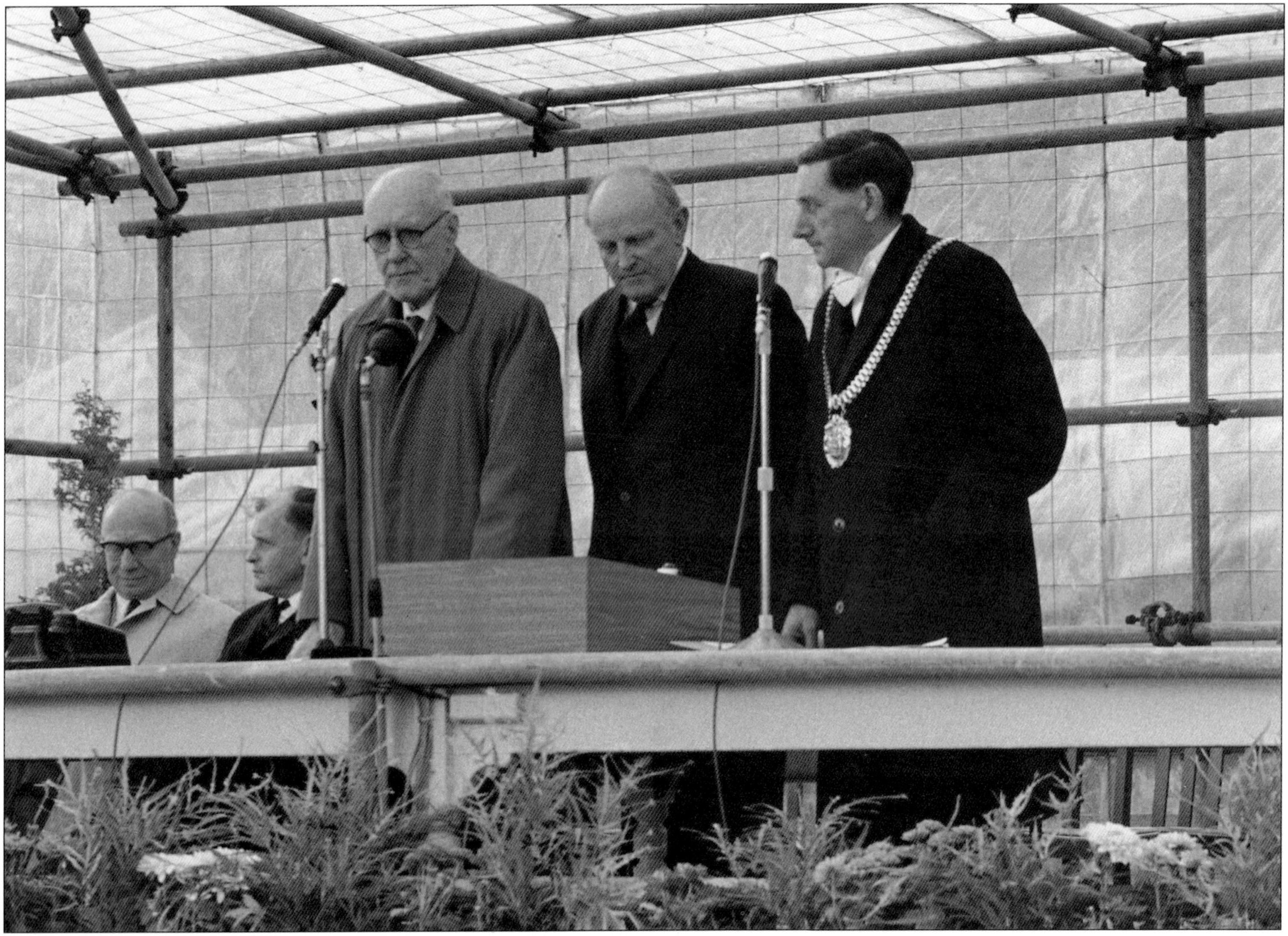

122. Golwg bryderus ar yr Henadur Frank Cain, J. H. T. Stilgoe, Peiriannydd Dŵr Lerpwl, a'r Arglwydd Faer David Cowley wrth wrando ar brotest y dorf.

123. Wedi seremoni o brin dri munud agorwyd y llyn yn swyddogol.

122. Alderman Frank Cain, J. H. T. Stilgoe, Liverpool's Water Engineer, and the Lord Mayor David Cowley look nervously on as they listen to the crowd's protests.

123. After a ceremony that lasted less than three minutes, the reservoir was officially opened.

*This is not a function to celebrate the fact that we are taking Welsh water. It is not a function that is intended to rub salt in the wounds of Wales. It is a function to establish the balance that will heal the friction of the past and lead to an amicable future for all of us.*

Henadur W. H. Sefton,    Alderman W. H. Sefton,
Corfforaeth Lerpwl       Liverpool Corporation

124. Yr heddlu yn gwarchod gwesteion Lerpwl (ar y dde) rhag cynddaredd y dorf tra bo'r Ditectif John Hughes (yn y canol gyda'r het) yn cadw golwg ar bethau.

124. The police protect Liverpool's guests (on the right) from the anger of the crowd whilst Detective John Hughes (in the middle with the hat) keeps and eye on events.

*The Welsh Nationalist elements gave the Liverpool City Councillors and their guests a really rousing reception at the much publicised Inauguration Ceremony in October ... Some of the City Councillors, who represent the docks areas of Liverpool, are no strangers to insurgent behaviour and could scarcely be restrained from tossing the ringleaders into the stilling basin.*

Binnie and Partners, *News Magazine*, March 1966

Binnie and Partners, *News Magazine*, Mawrth 1966

## Ar ôl ymweliad â Chwm Celyn ar ôl ei foddi

*Er hardded yw yr hwyrddydd – a lliw nos*
  *Yn llawn hud ar foelydd,*
  *Er y gog ar gangau'r gwŷdd*
  *Yno nid oes lawenydd.*

*Wylo a wnaf yng Nghelyn – o hiraeth*
  *Am erwau y dyffryn,*
  *Am hen oes, ddi-loes, ddi-lyn,*
  *A'i Achos, man bu'r cychwyn.*

*Wylaf am yr anwyliaid – a hydrin*
  *Ddirodres hynafiaid,*
  *A'r llu hoff dan ddŵr a llaid*
  *A dylif y fandaliaid.*

John Lewis Jones

*Ar Fedi 9, 1964, anfonodd Ysgrifennydd y Pwyllgor Amddiffyn un llythyr olaf at Gorfforaeth Lerpwl yn annog y swyddogion i alw'r llyn newydd yn Llyn Celyn ac nid Llyn Tryweryn Mawr fel y dymunai'r Gorfforaeth ei wneud. Am unwaith cydsyniodd Lerpwl â chais y Pwyllgor.*

*On 9 September, 1964, the Secretary of the Defence Committee sent one last letter to the Liverpool Corporation urging the officers to call the new reservoir Llyn Celyn and not Llyn Tryweryn Mawr as the Corporation wished. For once Liverpool agreed to the Committee's request.*

## Llyn Celyn
(Adeg Sychder Mawr 1976)

*Olion fy hil a welaf, – ac aelwyd*
*A foddwyd ganfyddaf:*
*Ailagor craith i'r eithaf*
*A wnaeth Cwm yr hirlwm haf.*

Elwyn Edwards

## Celyn Lake
(The Great Drought of 1976)

*Of my race I see traces, as ruins*
*Of drowned homes appear.*
*The drained lake of the summer's drought*
*Tore an old scar wide open.*

Elwyn Edwards

*Er i'r estron lwyddo i chwalu'r gymdeithas a darostwng y muriau, er i'r dyfroedd orchuddio'r sylfeini a'r erw gysegredig gerllaw, fe erys y llecyn yn gysegredig iawn i lawer. Cyfyd atsain mawl a chân i frig y tonnau uwchben, o'r fan islaw lle bu moliant am dros ganrif a hanner.*

**Dafydd Roberts, Caefadog**

*Although strangers have succeeded in dispersing the community and bring down the walls, although the waters have covered the foundations and the holy acre nearby, the place remains very sacred to many. The echoes of songs and praise rise to the crest of the waves above, from the place below where man praised God for over a century and a half.*

**Dafydd Roberts, Caefadog**

'The Council acknowledges its debt to the many thousands of Welsh people who have made their homes in the City. They have, in so many ways, enriched the life of the City.

We know that Liverpool, especially in the fields of medicine and education, has been of real service to the people of Wales.

We realise the hurt of fifty years ago when the Tryweryn Valley was transformed into a reservoir to help meet the water needs of Liverpool.

For any insensitivity by our predecessor Council at that time, we apologise and hope that the historic and sound relationship between Liverpool and Wales can be completely restored.'

Pasiwyd y cynnig hwn gan Gyngor Dinas Lerpwl ar Hydref 19, 2005.
This motion was passed by the Liverpool City Council on 19 October, 2005.

## Cydnabyddiaeth Lluniau
## Acknowledgements for Photographs

Archifau Gwynedd (Ardal Meirionnydd)
Gwynedd Archives (Merioneth Area)

*Casgliad Tryweryn (Dŵr Cymru)*
*Tryweryn Collection (Welsh Water):*

67, 68, 82(a), 82(b), 82(c), 84, 85, 86, 87, 102, 103, 104, 105, 106, 108, 109, 110, 112, 113, 114, 115, 116, 123, 127.

*Casgliad Cyngor Sir Feirionnydd*
*Merionethshire Council Collection:*

3, 7, 8, 9, 11, 12, 13, 14, 15, 16, 18, 19, 20, 22, 25, 26, 27, 28, 29, 57, 58, 69, 83.

*Casgliad Elizabeth Watkin Jones*
*Elizabeth Watkin Jones Collection:*

5, 23, 39, 46.

*Amrywiol/various:*

1, 49, 50, 52, 59, 65, 66, 97, 98.

Llyfrgell Genedlaethol Cymru/National Library of Wales
*Casgliad Geoff Charles*
*Geoff Charles Collection:*

4, 17, 21, 30, 34, 35, 43, 44, 45, 47(a), 47(b), 48, 56, 60, 61(a), 61(b), 62, 63, 64, 74, 75, 76, 78, 79, 80, 81, 92, 94, 95(a), 95(b), 111, 117, 118, 119, 120, 121, 122.

*Daily Post*

41, 51, 124.

*Watcyn L. Jones*

31.

*Gwasg Gee*

53.

*Y Farwnes Brooke o Ystradfellte*
*Baroness Brooke of Ystradfellte*

54(b).

*Hulton Deutsche*

10, 24.

*Gwasg y Sir*

71, 73.

*John Albert Jones*

100.

*Gwasg y Lolfa*

101.

*Marian Delyth*

125, 126.